U0030845

4A Club ®

志業

從心出發，
享受４Ａ人生

徐國楦◎著

緣起
幸福的出發點

♠ 父親的一句話

多年前，我因為工作的關係，長時間遠離家園待在中國。某次，我隨著工作團隊到南京視察時，趁著空檔的時間，透過當地友人的陪同，到了中山陵走走，站在中山陵上，遼闊的視野讓我想起遠方的老父親。

從中山陵的階梯走下來時，我拿起電話撥給住在臺北的父親，想和他分享當時的心情與感動，同時向他報告我在中國工作的成就。但是電話那頭傳來的，卻是父親催促我回臺灣的話：「你再不回來，我先走一步！」

這句話，讓我結束了多年在中國的工作與高薪，回

到臺北，就為了能有多點時間陪陪老父親，以及長久以來就聚少離多的愛妻和孩子。

♠ 改變的開始

回到臺灣後，一切都要重新開始。然而當時我已經快要 50 歲了，這樣的年齡在臺灣真的很難找到工作。我試圖透過各種關係，想要利用本身的培訓專業，重新在臺灣闖出一片天。

無奈事與願違，培訓界人才輩出，年輕一代的同行不斷冒出頭，加上我的培訓課程內容，並不偏向某個特定行業的專業，在這種情況下，讓我屢屢碰壁。

為了生活，我在朋友的介紹下接觸了直銷。這是我第一次接觸直銷，在我尚未瞭解直銷前，一直認為自己可以勝任這個簡單的行為與行業。

　　直到我開始從事直銷時才驚覺，事情並不如我想像的那麼簡單。我的意思不是直銷難，難的是要跨出第一步的那種複雜心情，難的是我過不了自己心裡那一關，過去那個高高在上的我，如今卻要低聲下氣去求別人，我花了將近兩年的時間，才走出心裡的那一關。

　　如今，我將這一切心路歷程整理成冊，希望您能不用多花這兩年的時間。我將這兩年來的想法與心得，用簡單的四個字與大家分享，那就是「**從心出發**」。

♠ 從心出發

　　為何是「從心出發」呢？當我提出這樣的想法，並把它寫出來時，身旁多數的朋友都說我寫錯了，認為應該是「重新出發」才對。但我的看法是，**心態影響行為，行為決定結果**；假如我想要有一個不一樣的結果，卻一

直用同樣的想法與做法，那結果肯定不會不一樣。

　　也就是說，**如果想要得到與別人不同的結果，就必須要有不同的想法與做法。**

　　但是多數人都不願意改變想法與做法，只想要得到不一樣的結果，這是心態上的問題。我發現自己兩年前也是一樣，因為心態有問題，想法與做法不願也不想改變，只期待不一樣的結果，結果就是兩年後才發現，一切都不是我想要的。

　　如果我早一點醒悟，就不需要多花兩年的時間，這個醒悟就是心態問題。

　　我記得朋友在我面臨困境、遲遲沒有進展時，建議我去參加新直銷商的訓練課程。剛開始我很不願意去，因為再怎麼說，我也是有名氣的培訓師，如今卻要我去聽別人上課，而且還是年紀比我小的培訓師；從前的光環與成就，讓我無法趨前。但在無計可施、苦無方法的

情況下，加上朋友的盛情邀約，我就以去度假兩天的心情，答應了他的邀請，勉強自己去聽那兩天的課程。

那兩天的課程對我來說，在當下是痛苦的，但是現在回想起來，卻是感謝的。感謝當時強迫我去參加那兩天訓練的朋友，才有現在擁有小小成就與自己事業的我；感謝當時與我一起學習的同學，因為他們的鼓勵，才讓我能在那個教室裡坐滿兩天；感謝當時為我們培訓的培訓師，因為他的一句話：「**心在哪裡，成就就在哪裡！**」讓我醒悟了。

我的問題其實很簡單，我有機會再回到臺灣工作，還算小有成就之餘，能提筆整理這些年的心得，這都歸功於「從心出發」。

我不用重新開始，而是「從心出發」。我認為當自己有心時，自然能改變心態與想法；當我用心時，自然能察覺平常看不到的地方，我的做法自然就會不同；當

心態、想法與做法皆不同時,結果自然就會跟著不同。

　　這個道理一直被我自己不斷的印證,於是我提出了「從心出發,從新開始」的概念。

　　為什麼是「從心開始」?因為我認為當你能夠「從心出發」的時候,所有的一切都是全新(brand new)的開始,而不是重新(renew)開始。**所以當你從心出發時,就會有一個全新的開始。**

♠ 相信就會發生

　　因為我相信,相信自然就會發生。因為我關心,所以我用心。而當我用心時,朋友都覺得我很窩心、很貼心。

　　我將過往培訓的經驗與現在的體悟改變,結合成為體驗式學習的一個重要環節,透過體驗式學習,讓參與

的學員凝聚團體合作與團隊執行力的建立，讓每一位接受培訓的學員，不會感到學習是枯燥乏味的，進而讓組織團隊轉變成為「學習型組織」。

透過體驗式學習的教學方式，能夠讓參與的學員對於自己的心靈狀況有所瞭解，也能從中瞭解自己、洞悉別人、接納自己、肯定自己，並且進一步建立圓融和諧的人際關係。透過課程中的參與及體驗，讓學員能探索並行銷自我。

因為我的貼心、用心與關心，讓每一場參與培訓的學員，都能獲得滿滿的收穫。因為我相信，只要想法改變，做法就能改變，結果就會不同。

我經常「冥想」，並透過冥想讓自己進入相信的狀態，透過冥想讓自己靜下心來，讓自己能與自己的心對話。尤其是當你決定要「從心出發」時，當下的心境就變得非常重要。如果當下的心境是平靜的，不是不安或

易分心的,就很容易「從心出發」,所以我也常教導學員做簡單的冥想。

每當我在引導學員冥想時,課後總會有學員來問我:「老師,這樣做真的有效嗎?」

每每聽到這樣的問題時,我總是笑而不答,最多就是回答:「相信就會發生。」

♠ 人在、心在、幸福在

我用現在普遍存在的問題與大家分享。現在的社會生活,是一個常常容易讓人「人在,心不在」的分心時代,是一個讓人若靜下來,就容易產生焦慮的時代。

舉例來說,人手一支智慧型手機,已經非常普遍了,也因為智慧型手機的普及,我們常常看到手機不離身的狀態;當手機不在身旁時,就會焦慮與不安;反之,當

手機在身旁時，卻又容易因為不斷響起的訊息聲而常常分心，這就是所謂的「人在，心不在」。

當我們時常「人在，心不在」，其實你身旁的人已經受到一種無形的欺壓。當身旁的人被欺壓到受不了而有所反應時，我們卻又認為是身旁的人想太多、無理取鬧。其實問題的原始點就在自己，是我們卡死了自己與身旁的人的關係。

如果想要重新找回原本的關係，就要從心出發，從新開始。

我之前因為工作的關係，長期不在臺灣，與小孩的相處時間很短，小孩的教育多數都是由我老婆處理。由於她是學校老師，我總認為小孩的教育肯定沒問題。加上我又是一個很拚的父親，總認為只要給孩子學習更多的才藝或課外專業，把時間安排得很滿，小孩就不會有太大的問題。

直到老大上中學時，一切就跟我想的不一樣了。小孩的反抗與拒絕承受，讓我傷透了腦筋，而我又不在小孩身旁，無法真正瞭解她的想法。

　　當時我與身旁的朋友分享這件事時，朋友卻說我把企業管理的高效理論用錯地方了，因為小孩的教育不是「專案」，無法用沒有情感的方式去處理。

　　也就是說，對於小孩的一切安排，不能總是只有不斷的計畫與執行。當時的我似懂非懂，不太瞭解朋友的說法，直到我因為父親的那一句話回到臺灣，這一切才開始有了改變。

　　這一切的改變來自於我自己想法的調整，現在總算完全明瞭朋友當時說的那番話，因為我用心在孩子的問題上面，所以解決了孩子的問題。此後當有人問起我這類型的問題時，我總是說：「我不是用心，而是關心，是因為我真正關心，所以我更加用心。」

　　現代人生活在容易分心、多工的時代，因為影響自己分心與時間多重分工的事物太多，於是在等車、吃飯、搭電梯時，哪怕只有短短的一分鐘，都要滑一下手機。不論在做什麼事，只要手機「叮咚！」一下，一定會拿起手機查看，再快速回應。

　　由於現代人普遍有這樣的問題，因此我必須在培訓課程中，針對現代人無法靜心而引發莫名的焦慮感，做很多改變想法的培訓。我之所以這樣做，是因為我也曾經歷過這一段，這段過程雖然看似與直銷事業不相關，卻是在培訓中花最多時間做的事，因為我總認為，想要有一個好的事業，就必須要有一個美滿的家庭做支撐。

　　多數從事直銷的朋友，都跟我一樣有家庭，而與我們一同打拚事業的夥伴們，就像是自己的小孩一般，如果我們對自己的小孩都無法專心、用心與關心，那對事業夥伴就更不會有多麼的關注了。

　　當人無法真正靜下心來處理事情，或是經常出現「人在，心不在」的狀態，負面的想法與情緒自然就會產生。而這些負面的想法與情緒，會很自然的傳遞給身旁的人，尤其是最常與我們相處的家人、小孩及另一半，甚至是與我們一同打拚事業的夥伴們，也常會受到池魚之殃。因此，讓我更堅定要推動「從心出發」的培訓教育。

　　當**「人在，心也在」時，顯現出來的自然就會是關心與用心**。簡單的說，當你調整心境，心態自然就不同，就能用不同的思考邏輯去面對困境與無法突破之處。

　　因為你的關心，你會發現有一些細微的小地方，是有方向可以去突破或改善的。這並不代表過去不存在、你現在才發現的狀態，而是因為過去的粗心與不關心，忽略了這些可以用心的地方，所以我才會說，**用心是因為我關心。**

　　不管是用心或關心，這一切都要從心出發，只要有心，平常容易被忽略的小事或是認為不重要的事，自然就可以被重新注意與關懷。我也是因為這樣而解決了我與孩子之間的問題，而我們家也因此進入了真正幸福的狀態。

♠ 幸福的真諦

　　我之所以說自己幸福，是因為自從我解決了我和孩子之間的問題後，家庭出現了一種無法言喻的愉快氛圍，那種氛圍讓我從心中不由自主產生了一種滿足感，而這種滿足感就是我所謂的「幸福」。

　　我常在培訓課程中，依照學員的狀態適時加入冥想訓練。在訓練過程中，我也常常引導學員，透過我的言語畫面，去想像幸福的感覺。但我的言語畫面所呈現出

的幸福感，我必須老實說，並不一定是每一位來上課的學員想要的，或是能夠真正體會到的。

每一個人要的幸福感受都不相同，每一個人對幸福的定義也不同。如果你問你身旁的朋友，什麼是幸福？我想你會得到幾千萬種不同的答案。

我簡單整理出我在課堂中，學員回饋給我的幾種對於幸福的說法與定義：

什麼是幸福？

幸福就是外面下著雨、飄著雪、颳著風，卻可以和爸爸媽媽在一起吃碗熱騰騰的麵。

幸福就是在意想不到的時候，看到自己喜歡的人。

幸福就是在寒冷的冬天午後，躺在陽臺的躺椅上，曬著太陽，想著心愛的人。

幸福就是晚上下班的時候，可以放下一切枷鎖，到無人打擾的地方，躺著看天上的星星。

幸福就是每天看到爸媽的笑容！

幸福就是一家人圍在一起，或喧鬧，或聊聊天！

幸福就是當你遇到困難的時候，家人在你不知所措的時候，默默伸出協助的雙手。

幸福就是和朋友在一起盡情的聊天，開心的笑著！

幸福就是當我端出做得難以下嚥的飯菜時，他卻眉頭不皺的狼吞虎嚥，直說：好吃，真的好吃！

幸福就是當我身體不舒服而忘記吃藥時，他卻端著水、拿著藥，連哄帶騙的要我吃下去時的那種溢滿心中暖暖的感覺！

幸福就是在有月光的夜晚，依偎在他的懷裡，數著窗外的星星！

幸福就是能每天躺在他懷裡，靜靜地閉上眼睛，安然的入睡！

幸福就是能和我愛的人在一起，無論天涯海角，無

論生活品質的優劣，都能一直在一起。

………………

　　其實，幸福就是一種感覺，就是一種滿足。它其實很簡單，沒有理由的，就是覺得很幸福！

　　我們從以上這些學員回饋給我對於什麼是幸福的解釋，不難發現有幾個共通點：

一、 幸福一定有對象，不論是一個人，還是一群人。

二、 幸福的來源很簡單，簡單到我們常常忽略它。

　　幸福不在遠方，也不在夢裡，它就在你我身邊，在你我每天的努力裡，在每一分鐘、每一秒鐘，在我們對於所愛的人所表現出簡單的關心與用心。能認識你，和相愛相處是你我最大的幸福；和心愛的人在一起，讓你我很幸福；和朋友在一起，讓你我很幸福；和親人在一起，讓你我很幸福；在每一天的時光裡，你我感受著生命的熱情、溫暖、期待、冷漠、悲傷、痛苦……不論是

哪一種，只要有人感動，都讓你我覺得很幸福！

至於什麼是幸福？怎樣才算是幸福？其實並沒有絕對的答案，關鍵在於你的生活態度，在於你對周遭人事物的關心與用心程度。同樣的一天，如果以不同的心情去面對，將會是不同的色彩。

舉個例子來說，早晨醒來，匆忙的梳洗之後，提著沉重的公事包，一邊朝辦公室飛奔，一邊抱怨交通太擁擠、天氣太糟糕；勉強到了公司，卻還是在半睡眠狀態。這樣一天的開始，是讓人疲倦的，這樣的生活是沒有色彩的，是黑白的。

如果我們稍微改變一下生活態度，早上早點起床，不慌不忙地整理一下自己，悠閒的來到辦公室；你會發現，路上飄落的樹葉都是優美的風景照，就連路邊掃地的大姐，都是動人的一幅畫。而這些美麗的景象，都將成為美好的記憶，這樣的生活就會是多姿多彩的。

同樣的一天，會變成什麼樣的色彩，其實取決於我們自己。既然顏色是自己決定，為什麼要拒絕繽紛呢？

每天早上起床時，想像一下你想給予幸福對象的那些人的表情，你的想法、你的做法、你的決定，都將會影響那些人臉上的表情。

不妨更積極你的想法，用正向的思維去面對每一個人事物，將每一分鐘、每一秒鐘的表現，讓你想要給予幸福的人有不同的感受。這樣子，你自然就會更用心處理每一個人事物。讓我們一起創造我們自己的幸福吧！

♠ 幸福的出發點

面對世上的一切，我們總是要失去了才會懂得珍惜，就如同我的過往。即便幸福也是如此，只有緊緊抓住它，才不會稍縱即逝。

　　我們常常在回憶讓我們幸福的往事，希望回到幸福的那一刻。可是你知道嗎？我們現在的每一刻其實都是幸福的。

　　天涼了，是誰提醒我們要加衣服？是另一半，是遠方的父母親，此刻不是幸福的嗎？大家為了共同的目標而一起奮鬥，這一刻不是幸福的嗎？幸福就在你我微笑的時候，幸福就在你我歡呼跳躍的那一刻，幸福就在花開時與心繫的人一同觀賞的瞬間，它就在你我周圍，只是我們沒有察覺。善於抓住幸福的人，才能懂得什麼是真正的幸福，才知道如何去體會真正的幸福。

　　要追尋幸福很簡單，因為幸福就藏在每一個當下，只要用心去體會，真心去觀察，發自內心去面對，你就可以找到屬於自己的那份簡單的幸福，這不是金錢可以換來的。要得到無時無刻的幸福只有靠自己，相信自己，總有一天你會感受到什麼是幸福，只要找到幸福的

出發點。

　幸福既然是內心愉悅的滿足感，那麼決定幸福的源泉到底是什麼呢？

　根據專家學者的研究報告指出，幸福的決定因素是人的性格，這一點我個人是認同與推崇的。人的個性，決定看待事物的角度，不同的角度，決定了最後判斷的結果；人的個性，也決定了對於同一事物的關心程度，不同的關心程度，也造就了不同的對待品質與內容。

　不同的判斷結果與不同的對待品質及內容，自然造就了對方不同的感受，這些不同的感受者，反射出來對於幸福的感受，決定了我們是否也跟著覺得幸福。

　醫學界把人分成不同的類型，抑鬱型、樂觀型、開放型、保守型……等，不論是哪一種類型，都是一種人格。由於人格的不同，遇到事情時的承受能力也不同，對於同一事物的心理感受也各不相同，自然對於是否幸

福的感受也不相同。

有人看待事物樂觀多一些，有人悲觀多一些，這就造成了幸福與否的差異性。如此來說，問題並不在於事物性質如何，而在於人的性格如何。

曾經聽過一則故事，內容是這樣的：

一個富翁到處尋覓幸福，他在上流社會中找不到，在高級豪華酒店找不到，他出國旅遊去也沒找到，在住家附近也沒發現。有一天，富翁在火車站看到一個中年男子，雙手提著看起來很沉重的行李，匆忙地從車站出口跑出來，奔向一輛不吸引人的汽車。車外站著一位抱著小孩的女子正在等待著他，那男子跑上前去，輕輕地吻了一下女子和小孩的臉，然後高興的和女子、小孩搭上車，慢慢駛離。

這場景，完全看在富翁的眼裡，富翁清楚的看到中年男子從車站出口跑出來的表情，從焦急的尋找，到開

心興奮的轉換，這時候富翁突然頓悟，剎那間明白了什麼是幸福。

在我們的人生經歷中，一切的一切都是我們的性格在主導著結果，我們身旁的一切，不斷隨著年齡、環境的不同在改變。唯獨我們的個性，在我們的生命中是不會改變的，除非我們自己知道要改變，並且有在改變。

古希臘哲學家亞里斯多德曾說：「**持久不變的並不是財富，而是人的品格。**」所以，人的個性才是決定幸福的源泉，亦是決定是否幸福的出發點。

想不想幸福，是一種想法。我因為想要讓家庭幸福、讓老婆幸福、讓小孩幸福，過去的我就是拚命的工作，以為賺很多錢、給他們好的生活品質，他們就會覺得很幸福。一直到我的小孩開始反抗時，我才真正明瞭，幸福與金錢沒有直接的關係，而是一種心理層面的感受，完全是想法使然。

不論是對方的想法，還是自己的想法，想法真的很重要；有什麼樣的想法，自然就會產生什麼樣子的心態與行為。當我從南京回到臺北時，雖然有好的機會找上我，但因為當時的心態與行為調整不過來，讓我浪費了很長一段時間。

而我發現，與我有相同問題的人太多了，於是在我提出「從心出發，從新開始」的概念時，就一併開始提筆寫下這本書，期望能透過我的分享，讓你用最簡單的方式來解決問題。也期待透過這本書的分享，讓無法參與我所開發的「４Ａ人生培訓系統」的朋友們，也能有一個更簡單的方式，來做為依據的準則。

所謂的「４Ａ人生培訓系統」，是透過「從心出發，從新開始」的概念沿續，簡單來說就是整備好心情，讓所有一切行為由心出發，讓所有的一切從新開始。

取名為「４Ａ人生培訓系統」，是希望所有來參與

三階段培育的學員們，都能讓自己的人生有四個A，如同玩樸克牌的時候，手上同時拿到四張最好的牌，也就是俗稱的「鐵支」。

這四個A是：**態度**（Attitude）、**積極**（Aggressive）、**野心**（Ambition） **以及進取**（Advance）。

透過瞭解從心出發的這四個A，讓自己能真正的改變，讓自己能有與別人不同的鐵支人生。

期待你在讀完本書之後，能來「４A人生課程」中與我們一同分享你的感受與心得，也期待你能運用書中所提的概念，讓你的事業有更上一層樓的成就。

在你要開始閱讀本書時，我要先說明幾個重點，避免產生某些誤解：

一、這本書是部分「４A人生課程」中的觀念分享，不是正式課程中的全部。

二、我所提供的做法，不會要求對抗或迴避負面情緒，

只期望拿掉或減少負面思考。

三、書中部分提到做法練習的區塊，若無法自行操作，
建議參與實際課程，以避免產生反效果。

四、書中提及的觀念與做法，若有與你的想法與認知相
違背時，歡迎來信與我一起互動研究。

若你準備好了，就讓我們一起進入４Ａ人生的認知
領域吧！

PART 3

野心
Ambition

PART 4

進取
Advance

Contents

PART 1

態 度
Attitude

　　態度是一種心理反射的行為現象，是指人們內心深處的體驗，反應在人們行為的一種傾向。一般而言，又稱之為「心態」。

　　態度包括的範圍很廣，因為是心理因素反射出來的行為，所以多數我們皆以行為準則來判斷這個人，是否擁有我們想要確認的態度。

　　我們用流傳多年的故事來舉例解說：某一賣鞋的公司想要拓展非洲市場，公司指派兩個賣鞋的業務員到非洲去做市場調查，順道賣鞋；當這兩個業務員千里迢迢、漂洋過海的來到非洲，一下船兩個人分頭做了市場調查後，各自寫了一份簡單的報告回報給公司。

　　A業務員的回報是這樣寫的：「報告老闆！經過我這幾天的觀察，我發現非洲人出門都不穿鞋，而且非洲的生活水平較低，收入普遍不高，我們若在這裡賣鞋，生意應該不會太好，建議不要花時間與金錢投資在這個

市場。」

　而Ｂ業務員的回報是這樣：「報告老闆，我發現了一個大好的市場，非洲人出門都沒鞋可以穿，而且他們的平均收入雖然不高，但都渴望提升生活水平，我們公司若能在這裡賣鞋，肯定可以大賣，並且也可以協助他們提升生活水平。」

　從上述的故事中，我們可以看到兩個不同的人看到同一個場景，卻反應出不同的思維想法，最後做出不同的判斷與決定。我想故事若繼續發展下去，應該會是Ａ業務員選擇放棄非洲市場，回到自己習慣的市場賣鞋，或是到另一個大家都有穿鞋、且生活水平與平均收入都高的市場賣鞋；Ｂ業務員應該會留在非洲，開拓非洲市場……幾年後的成果，我們就不難猜出兩個人之間的差異了。

　我們不去探討這個故事的結果是不是真如我們所想

像的，但故事中我們要探討的是這兩人不同的觀點，一般人會說 A 業務員的態度是負向的，B 業務員的態度是正向的，負向與正向，就是我們評斷這故事中兩個人的態度的標準。

故事中這兩個人心裡的想法不同，其實就是態度不同所衍生出來的。A 業務員可能想的是山門不穿鞋應該是習慣不穿，這樣比較方便，加上生活水平較低，收入普遍不高，應該也買不起鞋；B 業務員的想法則是認為他們出門不穿鞋，應該是沒鞋穿，如果每一個人都買一雙鞋，這生意就做不完了。

其實態度潛藏在人們自身的內心深處，一般來說，自己並不容易察覺自身是否具備或缺乏某一種態度。

態度主要是透過我們的言論、表情和行為來反射察覺的。但不論反射出來的行為、言論或表情是什麼，一切皆取決於心裡想法。

　　所以態度是一種影響人們心裡想法的原點，想法會決定有什麼樣的言論、行為或表情，這些外顯的他人感受，將會產生不一樣的結果。

　　我剛接觸直銷時，只把直銷行為當成一個我回臺灣後要支撐生活的收入來源，在態度反應出來的行為上，自然就如同８０％的人一樣，只得到２０％的結果（80／20 法則）。若不是念頭想法一轉，我現在不會有這樣好的結果，這也是我把４A人生的第一個A——態度（Attitude）放在第一順位的原因。

　　凡事成敗取決於心，心的想法就是態度，這也是我為什麼要推動「從心出發，從新開始」的４A人生推廣教育培訓。

　　態度組成的心理結構，基本上有三種要素，我們若仔細研究這三種要素就不難發現，我們面對某些人事物上的態度為何了。

這三種要素包括：認知要素、情感要素和意向要素。

簡單來說，態度是指個人對某單一人、事、物所抱持的評價與心理傾向。也就是個人對某單一人、事、物的看法，是抗拒的？還是接受的？是討厭的？還是喜歡的？是懷疑的？還是相信的？

我們在前面已經說明了，態度是一種內在的心理狀態，組成的結構要素又有多種不同的面向要素，若要探究態度對於人們自身的影響，範圍太多也太廣。但態度確實會影響一個人的行為傾向，所以我們可以根據一個人的言論、行為表現去推測他的態度。

我從一個只把直銷行為當成獲取收入來源管道的從事者，轉變成為為直銷產業無私奉獻、付出精力，把直銷產業當成終身志業的工作者，這其中的心情轉折是複雜的、是痛苦的，因為一直在摸索，所以不知所措。

如今我能走出不同的狀態與好的結果，因此我以書

名定調接下來要與大家分享的內容，從行為中討論態度，尤其是眾多想要從事或已經從事直銷事業的朋友們，更應該要先探究自身的態度為何，是否有以下的態度，因為這將影響您接下來的行為，進而改變您想要的結果。

PART1 態度・一
當成做自己事業的態度

　　一般的上班族或工作者，遇到長時間的連續假期，多數會安排要到哪裡度假、去哪裡走走看看風景，或是安排與朋友小聚閒話家常，這些都是令人高興、讓人期待的。

　　特別是碰到不在預期中的假期，如颱風天，不論當日風雨大小，都期待隔天放颱風假。如果真的宣布隔天不用上班，肯定心情是雀躍不已。反之則亦然。

　　但是站在老闆的想法，最好都不要有假期，一年三百六十五天天天都上班。尤其是不要有不預期的假期出現。同樣是人，卻有不同的想法，原因出現在態度上的不同。

上班族想的是福利，休假越多，福利越好；老闆們想的是獲利，休假越多，可能會讓獲利變少。勞、資雙方因為在這個點上面的態度不同，立場就不同，立場一旦不同，雙方就會對立。

我們不去討論誰的立場對，誰的立場錯。我們要去探討的是，當老闆的人為什麼跟我們一般人想的不一樣？因為他們站的立場，公司是自己的，公司有獲利，自己才有獲利；公司有獲利，才能繼續經營下去。如果公司沒有獲利，可能就要面臨倒閉。

有責任心的老闆更會想著，公司若倒閉，更直接或間接影響著多數人的生活與生計。因此，這些老闆想的是盡可能不要放假，多用營業時間換取更多的營業額。

老闆們可能不用打卡上班，但卻比員工提早上班，比員工更晚下班。下班後，可能還要為公司尋找更多可以投入的資源來壯大公司，為爭取更高的獲利而在交

際。卻沒有為了今晚因為公司的交際，填寫加班費用補助申請，甚至回到家都還在思索如何提升公司營運、節省支出而整夜難眠。

因為這些老闆們知道，公司是自己的，如果自己不用心，就不會有人比自己更用心了。

我們也不難從眾多創業成功者或企業高階經營管理者中發現，他們也都有這樣的態度。從文字中或某些角度來看，這些人或許很勢利，只為了追求獲利與毛利。但我用這樣的舉例，只是想簡單的點出這些老闆、創業者或高階經營管理者，他們對工作的態度與一般工作者的態度是不同的。

不同的點在於，他們清楚知道這是自己的事業，自己不努力，別人不會幫自己努力。因為是自己的事業，所以要比任何人更投入；為了自己的事業，他們可以廢寢忘食，可以瞭解自己從不擅長的領域，進而學習並從

事。他們可能一天十六個小時都在為工作而忙碌。

　　這樣的態度，就如同父母親可以為了自己的小孩犧牲一切，不論小孩的長相如何、條件如何，都盡可能給予他們最好的。因為孩子是他們一輩子最甜蜜的負擔，看著孩子成長，是父母親最沉重的回報，因為這不是工作，是一輩子的志業！

　　如果我們都能把「直銷事業是獲取收入來源的管道」，轉換成「**經營自己事業**」的態度，想要跨出成功的第一步並不難。

　　多數從事直銷行業的朋友，大部分的人都是卡在這道關口，剛開始都是先試試看自己行不行、適不適合、能不能做得來的態度，也正因為是這樣的態度，連帶著行為上就不會全力以赴，結果就導致變成誤會一場。

　　我們看不到新手爸媽對小孩說：「生你是一場誤會，你自求多福吧！」多數看到的新手父母，都是在得知即

將有新生命到來時，會去請教專家或前輩，會閱讀書籍獲取專業，會上網爬文吸收經驗，這就是經營自己事業的態度。

也許你會問，不就是經營組織、銷售產品，為什麼需要用這樣的態度？

關於這個問題，我們就要從直銷的精神與本質來談。直銷看起來是銷售產品，但本質是教育他人認識產品、接受產品、購買產品，進而願意去推廣產品；直銷的精神是付出與奉獻，精神態度如果沒展現，我們最多只能做到讓對方購買產品，而無法達到讓對方願意去推廣產品。

直銷的迷人魅力是倍增，倍增的基礎是讓對方跟我們做一樣的事（推廣產品），我們的態度如果不對，充其量只能賣掉產品，無法建構銷售通路管道，最後也只能白忙一場。

既然我們經營的是直銷事業，最終的目標是在建構銷售通路，通路一旦建成，就能貨暢其流，最終獲益者還是自己。**既然最終獲益者是自己，如果一開始就全力以赴，把態度轉換成自己的事業來經營，這樣自然有些問題就能迎刃而解。**

我認識一位前輩，他的直銷事業經營得非常好，他的組織通路在全球約有十五個國家，橫跨至少三個語系地區。

在經營直銷前，他是一位文學作家，靠寫書過生活。他一直苦惱著幾個問題，為何書賣的價錢很高，他的版稅收入卻不高？通路商明明很多，販賣他的書的卻很少？所有可以曝光、提升知名度的場合他都跑，但為何書卻賣得不好？

這些問題困擾著他多年，但他還是只能埋首創作，才夠穩定生活。直到他接觸了直銷，瞭解了直銷的魅

力，他只花了兩天的時間就決定投入，第一次就創造了很多人一輩子都追尋不到的成果，一直到現在。

我問他是什麼樣的因素驅使著他能第一次就上手？

他告訴我，在他接觸直銷時，他聽到了無遠弗屆的通路概念，他花了兩天的時間，向他的前輩請教如何建構通路。當他瞭解後就一頭埋入，如同他在創作趕稿時一樣，沒日沒夜的做，因為「通路」兩個字讓他燃起了何不自己創造通路的念頭。

他對我說：「我當初投入的原因，只是為了創造自己的通路來銷售自己的書，因為這個念頭很強，我的態度又很堅決，與其要常常配合通路活動跑場，卻不見銷售量，到最後卻是一場誤會，那不如來經營直銷，不但能讓自己的生活品質變得比較好，又能創建自己的通路。因為我知道這是我自己的事業，所以一旦投入了，就用力的往前衝。」

　　他，我的前輩兼好朋友，直銷收入早就晉升到穩定的百萬俱樂部，但你不知道的是，他有一本書已經賣了十五年，被翻譯成三種語言，在十五個國家地區中銷售。這本書的收入直逼他的直銷收入。你在這十五個國家中的任何一個書店卻找不到他的書，因為這是他自己的通路。

PART1　態度‧二
凡事全力以赴的態度

　　說到凡事全力以赴的態度，也許我們要先來說說
「全力以赴」這個詞該如何解釋，並該如何展現在行為
表現上。

　　多數的人看到這個名詞，也許會從字面上解釋，意
思大概是用盡所有氣力來完成。這樣的解釋不一定是錯
的，已經最能直接表達全力以赴的行為展現。但我個人
對全力以赴的定義，多了一些不同的想法，那就是**在事
情未完成之前，即便已經用盡所有氣力與方法，也要再
試試。**

　　我之所以會有這樣的定義想法，是我們都聽太多人
說過這樣的話：「我已經全力以赴了啊！怎麼也沒想到

會做不到？」、「我已經用盡吃奶的力氣了！沒想到事情會變這樣？」等等相似的話。

也許你會認為說這些話的人，並沒有真的全力以赴。我們不討論說這些話的人是否有盡全力，但從話語中，我們可以聽到相同的關鍵字詞，就是結果不如事前預期的一樣。

如果說，說這些話的人真的有全力以赴，真的有用盡一切方法與氣力去執行，結果不如預期的話，那也等於是沒有進展，這樣的全力以赴有些可惜。

雖然我們都很清楚，努力、全力以赴不一定結果會如願，但沒有全力以赴，結果肯定更不好。

所以說到底要不要全力以赴？該不該全力以赴？在行為展現上，是否要用盡所有力量去執行？

還記得我對「全力以赴」的定義嗎？在事情未完成之前，即便已經用盡所有氣力與方法，也要再試試。簡

單一點說，就是做的時候用力做，但要先花時間想想再去做。

歷史上有太多的名人故事在警惕著我們，不要悶著頭盡力與用力，要有所保留的思索該如何用力？該如何盡力？所以嚴格來說，全力以赴若要完成我們所設定的事物，就需要確實完成，而不是結果不如預期。如果說結果不如預期，那等於沒有全力以赴。

有一位西方哲學家曾說：「**想要做好一件事，你最好盡四分之三的力量去做。**」

我個人相當贊成這樣的觀點，但我想再加上他沒說到的：「**用剩餘的四分之一力量，去思索該如何去完成？也為自己保留些實力。**」畢竟我們要的是結果完成，而不是傻傻的只要全力投入的過程。

做其它的事也一樣，凡事需要盡全力去準備，但不可全部投入。

　　兵家所謂「窮兵黷武」，就是指指揮官太全力以赴，以至於血本全都投進去了，然而卻沒有任何回收。而經營企業的人也是，經營企業更是忌諱與害怕把全部的資產或資源全數投入某一項投資項目，最後很可能會血本無歸。

　　從事直銷事業的朋友也是，所謂全力以赴的態度，不是要你把所有的時間全部用在直銷事業的組織發展，而是要用全部的氣力去做。直銷這件事情，時間花四分之三，四分之一時間給家人，因為家人的支持也很重要，至於那四分之三就全力以赴吧！

　　談到這裡，不知道你有沒有被搞混了？我所謂的全力以赴是指態度，不是單純的行為，因為態度會影響行為，行為會造就結果。

　　這個獵狗與兔子的故事，你應該聽過好幾次了！

　　某一個晴朗的天氣，獵人帶著他的獵狗去打獵。來

到了森林深處，遠遠的，獵人看見一隻兔子正在喝水，他見機不可失，便舉起獵槍，一槍擊中兔子的後腿。獵人一聲令下，獵狗開始衝上前要咬回受傷的兔子。受傷的兔子開始拚命地奔跑，獵狗飛奔在後方追趕著兔子，可是追著追著，兔子跑不見了，獵狗在遍尋不著兔子的情況下，回到獵人身邊。

獵人見到獵狗沒有咬回兔子，還讓受傷的兔子跑掉，便開口罵了獵狗：「你真沒用，連一隻受傷的兔子都追不到！」

獵狗聽了很不服氣的回說：「我已經盡力而為了呀！怎知那隻兔子受了傷還跑那樣快，再說那兔子跑回洞裡，我也進不去。」

跑回洞裡的兔子，還在驚魂未定狀態，牠的兔子兄弟們都圍過來，驚訝的問牠：「那隻獵狗跑很快耶！你帶著傷，怎麼跑得過牠的？」

受傷的兔子回答：「獵狗牠只是盡力跑而已，而我可是全力以赴呀！那隻獵狗沒有追上我，回去頂多被主人罵一罵，而我如果不全力死命的跑回洞裡來，那我就沒命了呀！」

人往往會對自己或對別人找藉口：「管他呢！我們已盡力而為了。」

事實上，盡力而為是遠遠不夠的，尤其是現在這個競爭激烈的年代。因此我常常問自己，我今天是盡力而為的獵狗，還是全力以赴的兔子？

獵狗與兔子這兩者的差異，不是在行為或使用的力氣上，而是「態度」。這差異的態度，來自於想法上的出發點，因為出發點的想法不同，導致態度影響了行為上的不同。

兔子如果認為牠死定了，反正橫豎都是死，那半路上兔子就會被獵狗抓到，並咬回獵人那裡了；反之，獵

狗如果想著沒有咬回兔子的話，回去會被宰來吃掉，獵狗應該不會讓兔子有機會跑回洞裡。

態度影響著行為，態度也決定了結果。

如果我們凡事都用全力以赴的態度，自然能產生像兔子一樣，可能連牠自己都想不到的無窮潛力，因為在正常的情況下，受傷的兔子是跑不過獵狗的。但上述的故事卻有不同的結果，是因為我們往往有意想不到的潛力，存在於我們身體裡。當我們遇到需要使用它時，會自然的展現那股力量。

有一個家住在五樓的媽媽，出門到附近買菜，她心想反正離住家不遠，也花不了太多時間，就將家中三歲的小孩獨自一人留在家中，出門買菜去了。不一會兒，這位媽媽買菜回來時，在離家約五十公尺處，看見自家陽臺上，三歲的小孩準備穿越柵欄。小孩一個不小心穿過陽臺的柵欄踩空，從五樓往下掉。在五十公尺遠的媽

媽,當下立刻丟下手裡的菜,奮力跑往住家樓下,接住了她的小孩。小孩除了驚嚇,毫髮未傷。

當時這件事上新聞時,所有人都感到驚訝,這媽媽怎麼跑得如此快?五十公尺的距離,即使世界跑最快的人也要接近五、六秒。以一個小孩的重量,從五樓的高度往下掉,大約只有三到四秒的時間。當這位媽媽從看到、反應往前跑到接住小孩,就只花了三至四秒,比起世界上跑最快的人還快,而且還要接住往下掉的小孩。

這不是神力,也不是訓練出來的,而是潛能。是態度逼發出她的潛能,就像兔子一樣,單純跑步,兔子會跑輸獵狗,但遇到生命威脅時,一切就不同囉!

諾貝爾文學獎獲獎者海明威,他有一個著名的「冰山理論」:一座海中的冰山,十分之七在海水之下,我們看到的冰山,只是完整冰山的十分之三。

我們的人生也是如此,**成功並不在於你是否全力以**

赴了，而在於你是否具有全力以赴的態度。當你對某些事物平常就具備了全力以赴的態度，那也代表了你已經具備了實力和充足的準備。

就像那位媽媽一樣，讓孩子平安的長大，是她一輩子的心願，這樣的態度自然協助她產生力量，充盈在她身體裡的每一個細胞。一遇到危害到她小孩安全的事件時，那股全力以赴、並需要全力盈救小孩的行為，就自然的產生。所以新聞的標題才會寫著：「媽媽真偉大」。

但我認為，媽媽把小孩平安養育長大的態度，才真偉大。

這是一個態度，一個全力以赴的態度，一個不需要養成，只需要認定想法的態度。如果我們把這樣的態度運用在直銷事業體上，還有什麼會完成不了的？

從事直銷事業的朋友，都很清楚每一個階段需要完成的階段目標，也常把這些階段目標轉化成數字去讓自

己完成。每每目標出現時，皆會全力以赴去完成；但有些人為了完成目標，不惜一切手段與方法。雖然最終有達成目的，但最後傷了別人與自己，在我看來，覺得有些可惜。

舉例來說，為了達成目標業績，沒有按正常方式銷售產品，雖然最後完成了目標業績，但也因為用不正常的方式銷售產品，最終會影響市場，也就影響了自己事業的發展。

我要奉勸這些朋友們，全力以赴去完成，不是要你不擇手段，為了完成目的而去作，而是要用正確的方式去完成。

還記得前面提到一位西方哲學家說過的話嗎？想要做好一件事，你最好盡四分之三的力量去做。這句話其實是要你量力而為，但態度要堅決，要全力以赴，不是全力達成、不擇手段。

在《三國演義》中，孔明站在空城上嚇退幾十萬大兵，並不是說他有萬夫莫敵之勇，而是他有妙算神機，與即便敵軍攻進來他也要全力以赴的態度去面對敵人，才能如此鎮定自如的嚇退敵兵。

你有比別人更全力以赴嗎？

獵狗與兔子，展現了兩種不同的態度，而不是能力的問題。就能力來說，獵狗跑的速度與距離，肯定比兔子快與遠。在龜兔賽跑的故事中，兔子絕對跑得過烏龜。但這兩則故事我們都看到了出乎意料的結果，因為這兩則故事原本應該都會輸的主角，因為都展現了全力以赴的態度，即便知道做了不一定會有好的結果，但他們很清楚，不這樣做一定不會有好結果。所以他們比對手更全力以赴的去執行，才會有我們看到的故事。

我很喜歡一個廣告中的一句話：「**不做，不一定會怎麼樣，但做了，肯定不一樣！**」

　親愛的朋友們，試試用全力以赴的態度來做吧！你會有不一樣的感受和體驗。

　我們花這麼多時間談的，不是盡全力的行為，而是全力以赴的態度，如果你瞭解了我前面所談的，接下來我要問問你，請你停下來思考一下，你有比別人更全力以赴嗎？

　為什麼我會這樣問？又為什麼我會提出這樣的問題要你思考呢？

　原因很簡單，我們如果把這樣的態度運用在任何一件事情上，結果自然會達到我們想要的目標。但若這事是需要與人競爭呢？有很多時候、很多時間、很多事情，是有競爭的。這時候，我們簡單的全力以赴態度，就不一定能勝出對手。要勝出、要贏，就要比對手再更加的全力以赴。

　就如同獵狗與兔子，如果獵狗也有全力以赴的態

度，即使兔子也是以全力以赴的態度奔回洞穴中，結果會怎樣？我們都很難說。假如換成是一隻奔跑速度更快、更敏捷的獵狗，同樣是用全力以赴的態度去追趕兔子，如果你是兔子，你會只用原本全力以赴的態度，還是更加倍的全力以赴的態度與力量呢？

雖然全力以赴的態度無法量化來比較，也無法用評量工具來衡量，但是當你遇到需要競爭的時候，你需要比別人更全力以赴，更用心的來完成你所設定的目標與方向。

因為態度，將決定一切。

越堅定的態度，越能激發出潛藏在你內心深處70％平常不會用的潛能，也就是你至少有三倍於自己全力以赴的態度，能比別人更加勝出。

南懷瑾大師曾經說過，佛學中有句話說的非常好：「獅子搏物。」

這句話是什麼意思呢？我們都知道，獅子是萬獸之王，然而獅子何以會是萬獸之王呢？那是因為他對任何事情都很恭敬、很認真。

當獅子要吃鹿的時候，會使出全副的力量，絕不放鬆；但是當獅子只是要抓一隻小老鼠的時候，也是用上全部的力量。這種獅子的精神，就是無小大、無怠慢，一件事情到了手上，不管小事還是大事，都不會以為容易就採用不同的態度，這就是「獅子搏物」的意涵。

我們凡事如果都能用這樣全力以赴的態度來面對，自然沒有完成不了的事情，當事情完成後，心境也自然會改變。

直銷事業的拓展過程，尤其是剛開始時，面臨到的問題、碰到的困難相對較多。因為我們多數處於不瞭解，如何做？該怎麼做？加上被拒絕，沒有成就來取得別人的信任。

　　這些困境，往往讓直銷新人裹足不前，無法突破，甚至選擇放棄。

　　若我們轉換心境，把直銷事業當成志業，用全力以赴的態度來執行，不論大、小事，就像獅子一樣，我們自然就能成為萬獸之王了。

PART1 態度·三
堅持到最後的態度

　　我整理了一些我喜歡的勵志名言，這些都是名人說

過關於堅持到底的話：

「使我們釋放最大潛能的，不是力量或知識，而是鍥而

不捨的精神。」

——邱吉爾（Winston Churchill）

「我可以接受失敗，但我不能接受放棄。」

——邁可·喬丹（Michael Jordan）

「讀不在三更五鼓，功只怕一曝十寒。」

——郭沫若

「塑造我們人生的，不是那些我們偶爾做的事，而是那些我們鍥而不捨地做的事。」

——安東尼・羅賓斯（Anthony Robbins）

「不放棄！絕不放棄！永不放棄！」

——邱吉爾（Winston Churchill）

「我不在乎你失敗多少次，我只在乎你有沒有重新站起來。」

——林肯（Abraham Lincoln）

「即使我知道明天世界就會崩塌，我依然會栽種我的蘋果樹。」

——馬丁・路德（Martin Luther）

「就因為你失敗了一次，並不代表你將會永遠的失敗下去。」

——瑪麗蓮·夢露（Marilyn Monroe）

「你走得多慢都無所謂，最重要的是絕不停下腳步。」

——安迪·沃荷（Andy Warhol）

「轉彎的路並不是路的終點，除非你不肯轉彎。」

——海倫·凱勒（Helen Keller）

「要在文化上有成績，則非韌不可。」

——魯迅

「只有放棄嘗試的，才是失敗者。」

——愛因斯坦（Albert Einstein）

「我走得慢，但我從不後退。」

——林肯（Abraham Lincoln）

「不要失去信念，只要鍥而不捨，終究會有成果。」

——錢學森

「我們最大的弱點是放棄。成功的方法是絕不放棄，不斷的重來一次。」

——愛迪生（Thomas A. Edison）

「精誠所至，金石為開。」

——蔡鍔

「事情總是看起來非常艱難，直至你最終將它完成。」

——曼德拉（Nelson Mandela）

「要在這個世界獲得勝利，就必須能堅持到底，至死都不放棄。」

——伏爾泰（Voltaire）

記得幾年前，澳洲著名的激勵演講大師力克‧胡哲（Nick Vujicic）到臺灣演講時，我因為公會為協辦單位的關係，有機會成為該場活動的義工，也能近距離聆聽感受他的演講，會後我還與他一同合影留念。

力克‧胡哲因天生患有四肢切斷症，一出生就沒有四肢，但他不被自己的先天不良所打敗，進而成為一位激勵他人的鬥士。

在聽他的演講之前，我已經在網路上看過許多力克‧胡哲的演說影片（包括他的書），以及他過往的成長影片。

當天演講的主題是「永不放棄」。在一陣期待的靜

默後，他嬌小的身軀被夥伴從後方抱出來放在講桌上，當他費力地立起身軀面向觀眾時，全場爆出巨大的歡呼聲，他那堅強的精神與信念，總是能給予遭遇困難的人最大的鼓舞。

我記得他說他是如何成為激勵講師的片段，他說當他還是學生時，為了賺取生活費，他覺得自己演講能力很好，於是跟他哥哥說出他的想法，請他哥哥幫他打電話給需要找他去演講的單位。

他哥哥說他瘋了，並沒有幫他撥電話，於是他決定自己撥。他不記得撥了多少通電話，也不記得被拒絕了多少回，他只記得就是一直撥、一直撥，直到有一間學校回應他，可以讓他在一個班級中演講，他聽到這個好消息後，便開始用心準備演講的內容。

演講當天，他很開心也很興奮的把準備內容用力講完，演講結束時，那位老師還說，要幫力克‧胡哲安排

時間，為全校的學生演講。

不過他等了很久，一直都沒有接到消息，他便打了通電話給那位老師。在電話中他才知道，原來那只是客套話，學生聽完他的演講之後，並沒有太大的感覺。

於是力克‧胡哲開始每天在家對著鏡子，不斷的練習演講，直到他認為自己準備好了，他再次打電話給那個老師，請老師協助為他安排。

老師詢問了他要講的內容後，建議他用他自己的故事來講。就這樣，他開啟了激勵講師的生涯，還因為這樣，認識了他的老婆。

在短短六十分鐘的演講中，力克‧胡哲娓娓道出童年時期飽受同年齡孩子的嘲笑與異樣眼光，但他的父母並沒有喪失希望，他們用大量的耐心與愛心，教導兒子各種基本的生存技能，並讓他認識到自己使命及目標的過程。

　　這場演講帶給我很大的能量，讓我瞭解到如何更有效激勵自己。每每想起那一天的場景，看著我和力克・胡哲合照的照片時，總會讓我感動不已。

　　最近我在講課及操練 4 A 學員時，我總會提到這件事，而我也常給予來上課的學員肯定，鼓勵他們堅持下去，**永不放棄的精神就是成功的基本功**，也是從事直銷重要的精神。

　　我曾經思索「永不放棄」這四個字的意義，為什麼多數人都無法堅持到底？我看到更多能堅持到底的人，最後卻無法達成自己的目標。

　　後來在許多的培訓課程中，與學員交流才發現，那些能堅持到最後卻無法完成目標的人，多數都只是盲目的堅持。

　　因為這樣，我才選擇告訴各位，當你決定堅持下去時，請先想想你堅持的是什麼？這會比你盲目的堅持更

重要。

　　就像你的直銷事業，如果你堅持使用單一種方式來經營，從不想想這樣的方法或經營模式效益好不好？容不容易達到？會不會達成你要的成果？能不能完成你設定的目標？

　　我認識的直銷朋友中，都是把堅持到底的態度用在行為上，而不是事件上，這樣堅持的目的才會完成。

　　我更發現在經營事業時，為了要達到自己的目標，必須要放棄身邊的某些事物。

　　比如要獲得健康，就需要放棄許多喜歡但是不健康的食物，或者會影響健康的習慣；比如初期在經營建構團隊時，因為花了很多的時間在陪同與輔導上，需要放棄跟親友閒話家常的機會。

　　如果結果真是你要的，這些必要的短暫性放棄就應該去執行，剛開始肯定很痛苦，怎麼說呢？喜歡的美食

不能吃，喜歡的事不能做，當然痛苦。想偷懶找人聊聊天也不行，一切都只為了自己的事業。

如果真的痛苦，不妨轉化一下心境吧！把放棄的心情，轉換成放棄後能達到目的所堅持的態度。用態度堅持就不會痛苦，用能得到不一樣的結果來轉換心情，因為唯有堅持到底才會獲得成功。

我認為很多事情需要學習放棄，然後再堅持永不放棄，選擇正確的方向比努力更重要。當你放棄夠多，才知道堅持的方向是否正確！

在選擇堅持下去之前，給自己一點空間、時間靜下心來好好想想，思考你自己到底想要的是什麼？堅持下去有意義嗎？把自己的事業藍圖在腦中建構出來，甚至把它們寫下來、畫出來。

捫心自問，這樣的選擇能夠帶給你要的嗎？你所選擇的方法要多久會達成你要的目標？有沒有其他的方

式可以替代這個方法？可不可以更快、更有效達成你要的？當你確定好選擇後，堅持到底與永不放棄的精神才是你需要的。

我在前面整理了一些名言，希望你看完後能有一些感觸。當你有了感觸之後，就更能明白我想要表達的是什麼。

我們可以從這些名言中發現，他們所堅持的都是一種理念、一種想法、一個念頭，或是一個原則，而不是一種需要堅持的方式或方法。

從事４Ａ人生培訓教育多年，我最害怕學員學到堅持概念時，誤判了所謂的堅持就是不放棄，所謂不放棄就是堅持不改變方式，死守著舊方法。

所謂堅持到底的態度，就如同英國前首相邱吉爾所說：「**使我們釋放最大潛能的，不是力量或知識，而是鍥而不捨的精神。**」

英國前首相邱吉爾不僅是一名傑出的政治家，而且也是一位著名的演說家，我十分推崇他面對逆境堅持不懈的精神。

他的最後一次演講是在一所大學的結業典禮上，全程大約持續了二十分鐘左右。但是在這二十分鐘內，他除了講他過往的人生外，就只講了關於激勵所有即將畢業的學生的兩句話，而且這兩句都是相同的：「**堅持到底，永不放棄！堅持到底，永不放棄！**」

這場演講在成功學的演講史上，可以稱為經典之作。邱吉爾用他一生的成功經驗告訴這些學生，成功根本沒有什麼祕訣可言，如果有的話，那就是兩個：**第一個就是堅持到底，永不放棄；第二個就是當你想放棄的時候，回過頭來看看第一個祕訣：堅持到底，永不放棄。**

我喜歡這兩句話，但我也擔心堅持錯誤的朋友，所以我要再一次的提醒大家，堅持該堅持的，不該堅持的

請盡早放下。選擇對的來堅持，４Ａ人生的概念，是希望能協助所有的朋友，達到目標，而不是夢想。

我們都讀過哥倫布發現新大陸的歷史故事，但你可能不知道哥倫布年輕的時候，曾經經歷過海盜的生活。也許你會驚訝，但這真的沒什麼。因為當年一些良好的家庭，都願意把孩子送到海盜船上工作，以便使自己的孩子可以增長見聞，嘗試不同的人生體驗，而且還可以多賺一點錢。

在當時的社會，在他們看來，這種事情只要不被官方捉住，也就無所謂羞恥與卑賤，要是真的不幸被官方逮到了，也只好自嘆命運不濟。

哥倫布還在求學的時候，偶然讀到一本畢達哥拉斯的著作，知道地球是圓的，他就牢記在腦子裡。經過很長時間的思考和研究後，他大膽地提出，如果地球真是圓的，他便可以經由極短的路線到達印度。

　　哥倫布經常把這樣的想法告訴他身邊的同學與老師，許多有常識的大學教授和哲學家們都取笑他的想法。因為，他想向西方行駛而到達東方的印度，豈不是癡人說夢話嗎？

　　他們告訴他，地球不是圓的，是平的。然後又警告哥倫布，你要是一直向西航行，你的船將航到地球的邊緣而掉下去，這不是等於走上自殺之路？

　　然而，哥倫布對這個想法很有自信，只可惜他家境貧寒，沒有錢讓他實現這個冒險的理想。他想從別人那兒得到一點錢，助他成功，但一連空等了十七年，還是失望，所以他決定不再向這個「理想」努力了。

　　因為使他憂慮和失望的事太多了，竟使他的紅頭髮完全變白——當時他還不到五十歲。灰心的哥倫布，這時只想進西班牙的修道院去度過後半生。

　　正在這個時候，羅馬教皇卻慫恿西班牙皇后伊莎貝

露幫助哥倫布。

　　教皇先送哥倫布六十五元，當做是路費。但是哥倫布自覺衣服過於襤褸，便用這些錢買了一套新裝和一匹驢子，然後啟程去見伊莎貝露皇后，沿途窮得竟以乞討餬口。

　　哥倫布即將要實現他的夢想，但另一個困難點又浮現，這個困難點就是沒有水手，因為大部分的水手都認為地球是平的，往西方走會掉下去死掉，他們都怕死，沒人願意跟隨他去。於是哥倫布鼓起勇氣跑到海濱，捉住了幾名水手，先向他們哀求，接著是勸告，最後用恐嚇手段逼迫他們同行。

　　另一方面他又請求女皇釋放獄中的死囚，答應這些死囚如果冒險成功，就免罪恢復他們的自由。一切準備妥當後，一四九二年八月，哥倫布率領三艘帆船，開始了一個劃時代的航行。

　　船航行沒幾天，就有兩艘帆船壞了，接著剩下的一艘帆船又在幾百平方公里的海藻中，陷入了進退兩難的險境。哥倫布親自撥開海藻，才使船得以繼續航行。

　　在浩瀚無垠的大西洋中航行了六、七十天，也不見大陸蹤影，水手們都失望了，他們要求返航，否則就要把哥倫布殺死。哥倫布用鼓勵和高壓手法，總算說服了船員。

　　天無絕人之路，在繼續前進中，哥倫布忽然看見有一群飛鳥向西南方飛去，他立即命令改變航向，緊跟這群飛鳥。因為他知道海鳥總是飛向有食物和牠們能適應生活的地方，所以他預料到附近可能有陸地。果然，哥倫布很快發現了美洲新大陸。

　　當他們返回歐洲報喜的時候，又遇上了四天四夜的大風暴，船隻面臨沉沒的危險。就在危急之時，哥倫布想到要如何讓世人知道他的新發現，於是他將航行中所

遇見到的一切寫在羊皮上，然後用臘將羊皮布密封後放在木桶內，準備在船毀人亡後，讓自己的發現能夠留在人間。

哥倫布他們一行人很幸運，終於脫離了大風暴帶來的危險，順利返航了。哥倫布如果沒有不怕困難、不怕犧牲、勇往直前、決不放棄的冒險精神，「新大陸」能這麼早就被人類發現嗎？

哥倫布的探險成功了，他發現了新的航線。但可惜的是哥倫布甚至不知道自己發現的是美洲新大陸，他還以為自己只不過是發現了一條到達印度的新航路而已，所以把美洲紅皮膚的土人，也稱呼為「印度」。

他那種無畏、勇敢和堅持到最後的精神，真值得作為我們運用到自己直銷事業拓展時的模範。

哥倫布堅持的是一種理念，是一種可以完成的信仰。從想說服別人的認同，到想自己存錢完成夢想，

到最後由女王協助他人力、物力來完成，這中間經過了三十年。

這堅持勇往直前的理念，在哥倫布的腦海裡迴盪了三十年。當水手們畏懼退縮的時候，只有哥倫布還要勇往直前；當水手們惱羞成怒警告他再不折返便要叛變殺了他時，他的答覆還是那一句話：「前進啊！前進！」

前進啊！前進！

這句話在他的腦海中說了三十年！

PART1 態度・四
專注的態度
（一次只做一件事）

　　當我們瞭解了上述的三種態度後，接下來要談談第四種態度——專注的態度。學習時一定要使用這個態度，如果沒有把這個態度展現出來，很容易就會拖累我們的進度，甚至會影響我們要的結果。

　　那麼什麼是專注呢？我們先來聽聽這個故事。

　　有一個年輕人，到少林寺想找師父拜師學武，他打算練好武功之後，替父親報仇，因為他父親無端被盜匪殺死了。

　　年輕人問道：「請問師父，我要練多久才能出師？」

　　「大概五年吧！」師父說。

年輕人回說：「啊！這麼久啊？」

年輕人急著又問：「假如我比其他弟子更加倍努力，是不是可以提早學成武功，為我父親報仇呢？」

「這樣子的話，你大概需要十年！」師父說。

年輕人又說：「什麼？十年？那如果我再加倍、加倍地努力學習呢？」

「二十年吧！」師父淡淡的回答。

年輕人越聽越糊塗，對著師父說：「師父啊！怎麼我越努力加倍練習，學成武功的時間就更加倍呢？」

「因為，當你的一隻眼睛一直盯著看『結果』時，你只剩下一隻眼睛可以專注於『練習』了！」師父說。

年輕人腦海裡想的，是如何加快速度學成武藝，為他的父親報仇，而不是專注在學習武功這件事情上面，所以師父才會告訴他需要更多的時間。

的確，人必須「專注」、「心無旁騖」的努力，只

想著單一事件。就像眼睛一樣，一次只看一個物品，這樣可以看得更清楚、更明瞭！

因為所謂的專注，就是一次只做一件事。更嚴謹的來說，專注就是當你鎖定所要執行的目標事物時，就不要再去想會不會完成結果。在執行時，若遇到更好的方式，或是發現有其他更好的目標出現時，當這些念頭出現在你的腦海，你的專注力就被分散了。此時，你想要完成的目標時程與效果就會被拉長、打折。

你專心嗎？你執著嗎？

且讓我們記得，必須多專心！

「好高騖遠」、「分散專注」是成功的大忌！「專精、專業」在自己領域，才是成功的保證。我常在課程中對學員說，我們這一生，不一定要拿博士成為權威，但一定要成為某一項事物的「專家」。因為，不管是從事哪個行業，都要成為「頂尖的專家」，才能在那個行

業別中出類拔萃、出人頭地。日本人就特別推崇這樣的精神，他們把這樣的精神，稱為「達人精神」。

所謂達人精神，就是在自己專注的事物中，成為該事物的專家。我們經常會在一些報導中，看到「某某達人」的字眼。這些達人來自於各行各業，他們不一定有高學歷，也不一定有好的出身背景，生活不一定很優渥，但他們一定過得很幸福、很滿足，一定是眾多人推崇的對象。要成為這樣的達人，沒有其他的技巧，就只是專注。

如果成功有一些必需條件，我想「專注」一定榜上有名。

一九六五年，一位韓國學生到英國劍橋大學主修心理學。在喝下午茶的時候，他常到學校的咖啡廳或茶座聽一些成功人士聊天。

這些成功人士，包括諾貝爾獎獲獎者、某一些領域

的學術權威，和一些創造了經濟神話的人，這些人幽默風趣、舉重若輕，把自己的成功都看得十分自然和順理成章。

時間久了，他開始發現，他在韓國時被一些成功人士欺騙了。那些人為了讓正在創業的人知難而退，為了讓懷有夢想的人打退堂鼓，普遍把自己的成功過程講的很誇大。也就是說，他們在用自己的成功經歷，嚇唬那些還沒有取得成功的人。作為心理系的學生，他認為很有必要對韓國成功人士的心態加以研究。

一九七〇年，他以《成功並不像你想像的那麼難》作為畢業論文，提交給現代經濟心理學的創始人——威爾・布雷登教授。布雷登教授讀後大為驚喜，他認為這是個新的發現，這種現象雖然在東方世界、甚至在世界各地普遍存在，但在此之前，還沒有人如此大膽提出來並加以研究。

　　布雷登教授在驚喜之餘，他寫信給他的劍橋校友——當時正坐在韓國政壇第一把交椅上的人——朴正熙。他在信中說：「我不敢說這部著作對你有多大的幫忙，但我敢肯定它比你的任何一個政令，都更能產生撼動。」

　　朴正熙讀過之後，將書中的道理用於韓國經濟發展，書中提及的內容果然伴隨著韓國的經濟起飛。

　　這本書鼓舞了許多人，正因他們從一個新的角度告訴人們，成功與「勞其筋骨、餓其體膚、空乏其身」、「三更燈火五更雞」、「懸梁刺股」沒有絕對的關係。

　　成功是只要你對某一事物感興趣，長久專注並堅持的去做，就會成功。

　　這個研究發表的學生，也將這個道理運用在自己身上，他現在是韓國泛業汽車公司的總裁。

　　也許你會問，那我到底要如何才能算是專注？我該

如何專注？尤其是從事直銷事業的朋友，更可能會問，那我到底要專注在產品銷售？還是專注在組織發展成為一個領導人？

這些問題，我把它們分類成兩大類：

一、如何讓自己專注？

二、專注在選擇後的專注。

接下來，我們先來說說如何讓自己專注。很多人在工作上，都會碰到這個困擾：「我很想專注在我自己的工作上，可是要集中精神並不太容易，因為有太多的事物會影響我。」

要提高專注力，在工作上有更好的表現，可參考以下四個方法：

一、目標明確：

認真思考「自己想做什麼事情」、「想過什麼樣的生活」、「如何才能讓自己表現更好」等問題，

並且找出明確的方向，這些目標將會根植在潛意識中，成為維持專注力的基礎。

二、擬定計畫、預先演練：

如果能夠明顯看出工作進度，便能提高工作專注力。因此，不妨在晚上睡覺前，先規畫隔天的工作事項，並且依照緊急和重要程度排出優先順序；次日起床後，便按照清單逐步完成工作。如此，便能實際感受工作正在推進，因而產生自信和幹勁，進一步提升專注力。

三、培養「自信」：

人們很容易會對自己某些失敗經驗，賦予負面評價。而這些不愉快的想法，又常會在進行工作時浮現腦海，干擾思緒。尤其是當你在進行不熟悉的工作領域項目時，沒自信這件事，更容易在心中產生。然而，事情的好與壞、利與弊，並沒有一定的評判

標準，端看自己決定用什麼樣的態度來面對，或是如何改善這樣的處境。

四、經常自我暗示：

文字或語言，都可以控制自我意識。讓自己身邊圍繞著正向積極的語言，不受外界或情緒的影響，便會慢慢改善專注力。比如，每天早晨，大聲的告訴自己：「我是最好的！我是最棒的！我一定做得到！」

以上幾種方法，如果仍然不是很瞭解該如何去做，建議你可以去聽聽這樣的課程，或是來上我們的４Ａ人生課程。我的４Ａ人生訓練課程，對於這些訓練都有教導，歡迎你來參與，提升自己的上述四種基本能力，也就能提升專注力了。

至於「專注於選擇後的專注」，我直接用直銷事業

來談。直銷事業的最終目標，是成為自己事業的領導人，那想當然是訓練自己成為一位優秀的領導人為專注的標的，至於其它的，就都只是讓你成為領導人的技能與專業而已。

而讓自己成為領導人的訓練，在我的二階段 4 A 人生培訓中會提到，那是屬於做法的問題。至於想要讓自己成為優秀的領導人，有三種專注力要培養：

一、專注於自身：

聆聽自己的聲音，意識到自己的想法和感受，釐清什麼事情最重要？瞭解自己到底要什麼？用這樣的專注，不斷提升自己各方面的能力。

二、專注於他人：

以同理心去瞭解別人的內在想法與感受，並願意幫助對方。讓自己的領導力，因為別人的受惠跟著提升。讓這專注，影響願意跟隨你的人，越來越多。

三、專注於外在因素：

讓自己的事業從一開始就培養系統意識。從你自己開始，先融入別人的系統，學習系統精髓，進而開發出屬於你自己的系統。因為系統才是讓你的事業能長久延續下去的運作方式。

選擇你的專注後專注吧！並把專注的態度展現，這樣你把直銷事業當成自己事業的態度，凡事全力以赴的態度，堅持到底的態度，就不會分心被拖累，就能夠讓事情更順暢的執行。

４Ａ人生的第一個Ａ（Attitude），你已經取得了。快調整這些態度吧！因為**態度影響行為，行為將改變結果**。想要有好結果，馬上行動吧！

PART 2

積極
Aggressive

拿破崙・希爾曾說：「有些人似乎天生就會運用讓自己成功的原動力，而另一部分的人，則必須透過學習才會使用這種動力，並且每個人都能夠學得會發展積極的心態。」

就拿破崙・希爾的研究說法，每一個人都能成功，只要願意學習積極的態度。

至於什麼是積極？為何要具備呢？

「積極」兩個字，有主動、力圖進取的意涵，如：「我們正積極準備考試。」積極又有正面的、肯定的意義，如：「希望這件事能帶給大家正面積極的影響。」

我個人對於積極的見解是，**「積極」應該是屬於有計畫及有目標而採取的主動行為，是屬於理性作為，而非感性的反射。**

簡單來說，就是事前設定好目標的主動性行為，如創業。所以你說這樣的行為態度是否應該要具備呢？我

想不用考慮，當然是回答，要囉！

　　但是，怎樣培養和加強讓自己有積極的心態呢？

　　我們可以從以下的幾個方面做起。

♠ 模仿學習成功者的言行舉止

　　大多數的人都是等到自己有了感受，再去積極的付諸行動，像這樣的人是本末倒置的。

　　因為積極的行動就會產生積極的思維，而積極的思維會讓人的心態更積極。因為心態是影響行為的，而行動力往往被心態牽絆。

　　如果一個人的心態是消極的，就只能等待著感覺把自己帶向行動。有感覺才行動，沒感覺就不行動；或是感覺對了才行動，感覺不對，永遠都不想動。若真的是這樣，那要成功當然就比較難了。

美國鋼鐵大王安德魯・卡內基說過：「**一個對自己內心有完全支配能力的人，對他自己有權獲得的任何其他東西，也會有支配能力。**」

所以，當我們開始運用積極的心態並把自己視為成功者時，我們就開始成功，朝向成功的道路前進了。

從現在開始，學習你想要成為那一種成功人士的言行舉止吧！包括穿著打扮、生活作息、說話表情、動作、出入的場所與交往的朋友，都是可以學習的部分。

簡單來說，就是由小到大通通都學習與仿傚，這樣就有機會揣摩他們的想法與思維，進而改變我們自己的思維想法。

當這些改變了，自然離成功就越靠近了一大步。

♠ 多讚美他人

英國前首相邱吉爾曾經說過：「**你要別人具有怎樣的優點，你就要怎樣去讚美他。**」

若用我們中國人的說法，就是你看別人怎樣，自己就是怎樣。

還記得蘇東坡如何與和尚佛印成為好友的故事嗎？

蘇東坡被貶至瓜州時，聽聞瓜州金山寺內來了一位法號佛印的和尚，這和尚名氣很大，說出來的話總能安撫與解決人心。蘇東坡聽聞後非常不服氣，就決定到金山寺內會一會佛印和尚！

在寺裡，蘇東坡從皇帝講到文武百官，從治理國家講到為人道理。佛印靜靜的聽著，蘇軾見佛印一直不發一語，就從心裡瞧不起他。心想，大家都說這人有本事，原來就草包一個，應該是來這裡騙香火錢的吧！

　　話題慢慢的聊到了個人身上，這時候，佛印問道：
「在先生眼裡，老納應該是一個什麼樣的人？」

　　這時滿肚子鄙視佛印的蘇東坡抓到機會，隨口答道：
「你在一般人眼裡看來是有點本事，但那是因為他們淺
薄，實際上你每天故弄玄虛，沒有真才實學，只是個騙
子而已！」

　　佛印微微一笑，默不應答。

　　蘇東坡看到他這個樣子，不僅更瞧不起佛印，而且
自己還洋洋得意起來，問了佛印：「在你眼裡，我蘇大
學士又是一個什麼樣的人呢？」

　　「你是一個很有學問、有修養的人，老納自覺不
如！」佛印答道。

　　回到家後，蘇東坡把到金山寺與佛印的對話，高興
的講給了蘇小妹聽，蘇小妹聽完後，笑得飯都噴出來
了。

蘇東坡不解的問蘇小妹：「小妹，妳為何發笑？」

蘇小妹說：「你貶低和尚，他不僅沒生氣，反而把你讚揚了一番，你說誰有修養？沒有學問哪來的修養？你還自以為自己比別人強？真是羞死你了，你都不知道！」

蘇東坡聽完後恍然大悟，從此與佛印大師成了莫逆之交。

修養是另外一個課題，但發自內心的讚美他人，也等於是我們在期許自己，要成為我們讚美那人的行為或特質，也是自我暗示的一種。

多讚美他人，除了可以與人建立良好的人際關係，也能提醒自己更需積極的朝向自己缺乏的學習與彌補，自然就能更接近成功的結果了。

在直銷事業體中，我們更應該要這樣做，以鼓勵代替批評，以讚美來啟發他人內心的動力，自覺的去克服

自己的缺點，彌補自己不足的地方。這樣將會使自己的
直銷事業團隊，營造出一種和諧的氛圍，與整體團隊成
員有更積極的心態，讓自己的事業更快速成功。

♠ 主動且重複的學習

　　積極的心態，也可以從主動且重複的學習中培養與
訓練出來。因為主動學習的人，自然在心態上也是積極
的，重複學習又能開發且培養過往認知的不同，這樣的
行為與新認知也能刺激積極的態度。

　　所以我們不僅要主動學習，更要重複學習。因為學
習能增加積極心態的成功潛力，讓我們更靠近成功，更
靠近 4 A 的鐵支人生。

　　從直銷的角度來看，主動學習可以讓我們對直銷認
知、直銷專業、組織運作技巧……等，從不懂到變成懂；

而重複學習，更能讓我們從懂變成體悟，甚至於到內化的反射行為與認知。

在兩者之間，我更推崇重複學習的重要性，尤其是從事直銷事業的朋友們。重複學習等同於是在複製，透過帶新夥伴去學習時，讓自己能夠重複學習。

如果以每次帶一個人的方式來看，假使一共帶了六個新夥伴來學習，等於自己也重複學習了六次，團隊中也多了六個新的成員與夥伴。這種一舉數得的方式，更應該要常常鼓吹、鼓勵團隊中的夥伴，用力去執行與推廣。

積極是一種態度反射出來的行為，很容易從行為上看出這人積不積極。

除了之前談過怎樣培養和加強讓自己有積極心態的簡單方式外，接下來我們要進入主題，來談談 4 A 人生課題中，關於「積極」這兩個字，要用什麼方式與注意

什麼，才能充滿並占據在我們的身體裡，讓積極變成我
們快速完成目標的原動力。就讓積極成為縮短我們成功
時程的行為邏輯，讓積極變成通往光明前景的指引。

PART2 積極・一
正向看待事物，
拿掉消極的想法

　　凡物都有正面與反面，也可說凡事都有正向與負向的想法與看法。

　　還記得那兩個到非洲賣鞋的業務嗎？一個因為負向的看待市場，所以認為沒有市場；另一個因為正向的面對，所以認為市場很大。兩人看待的事物相同，正因為消極與積極的想法不同，結果就不同。

　　這一切其實來自於你相不相信。**因為相信，就會有好事發生。**

　　你可曾注意過，不幸的事降臨在失意者身上的機率，似乎多於成功者的機率？優秀的人和正向思維的

人，總是可以比表現不佳的人遇到更多幸運的事？

我們常常會看到某些人，總有某些好運降臨到他們身上，我們卻只能在一旁羨慕與抱怨，羨慕這些人總有些好運氣或好事發生，抱怨這些好事為何不是發生在我們身上？

我的看法是因為不相信，所以就沒有行為產生，沒有行為產生，就不會去行動，沒行動就不會有結果。舉例來說，不相信自己會中獎的人，肯定不會去買彩券，於是沒有買彩券的行為出現。

因為沒有行動，即便猜出所有會開出的號碼，一夜致富的結果，也跟這些人無關。當然就只能羨慕與抱怨那些中獎的人，好運氣總是降臨在他們身上囉！

我不是要鼓勵各位朋友去買彩券，而是用這個例子告訴大家，當你相信時，你自然會去行動。雖然說行動之後不一定會有預期的結果，但不行動，這結果肯定跟

我們不會產生相關性。

　　有句話說：「鮮花都是插在牛糞上！」多數是如此，我們也常時有耳聞。在電影《天地無雙》中飾演傻根的王寶強，在中國影壇上算不上是帥哥一枚，甚至網友還曾譏諷他的長相不配當男主角。

　　不論他的長相如何，但他老婆的照片在網路上曝光時，所有人都傻了眼，因為他老婆是西安名校的校花，網友們紛紛感嘆與驚呼：「這也太萌了吧！」

　　我相信，在王寶強的心裡，應該從沒因為自己的長相而產生負面的想法。甚至於可能很正向的思考著，這正是他與其他男主角不同的地方，也因為是這樣的想法，讓他的星路大開。

　　如今，他已經是中國影壇的一線男星，正因為才華展現，他老婆看到的不是傻根，而是王寶強。

　　你相信你自己能成功嗎？你相信你能完成別人夢寐

以求、無法完成的事嗎？**先啟動相信你自己，就能拋開負向消極的想法。**

你是否發現，那些越可愛的人往往越多人愛；而幸運的事，常會降臨在那些本身就有好運氣的人身上。

這是命運？抑或是上天的安排？還是自己造成的？

不論我們相信什麼，這些都會發生與成真，只是時間早晚的問題。我一直相信，人的信念很重要，你期待的是什麼，得到的就會是什麼。

如果你一直懷著正面的想法，你的生命就會往正面的方向前進；如果你的想法總偏向負面思考，那麼你也會過一個消極的人生。《祕密》這本書不也是這樣寫嗎？

卡內基訓練的創辦人戴爾‧卡內基，曾被媒體問道：「你一生當中所學到最大的教訓是什麼？」

他不假思索地說：「**我們都是自己思想的產物。**」

如果你對自己說：「沒有人愛我。」說太多次之後，就會表現出不可愛的行為，而使這句話應驗。

如果你願意放下那些反向的信念，肯定的對自己說：「世界充滿著愛，我可以愛人和值得被愛。」抱持這個新的想法，它就會變成真實的狀況。

這時，你的生活就會出現許多可愛的人，原本對你好的人會更加愛你，而你也會發現自己越來越可愛。

想要有正向的思維，首先就要先改變你的信念。這信念是你必須先相信你自己，相信會有好事發生，然後，好事才會降臨。

好的結果降臨，並不是「上天注定」的，而是「你的決定」。

每次上課談到這裡的時候，我都會請所有參與學員寫下範例的句子，並大聲的唸出來。

「我可以成為優秀且成功的人，因為４Ａ人生系統可以教會我各種技巧、運作原則、心態以及如何運用這些有效方法，應用在實際的操作中。我願意借用各種人、事、物，來創造我想要的成果；我也願意協助ＸＸ人，可以用同樣的方法達到他們想要的；我願意為我自己歡呼，為我自己慶祝，慶祝這即將到來的美好未來。

宣示人：○○○

日期：○○年○○月○○日」

句子中ＸＸ是空格，交給大家自己填。

我發現不管大家在空格填上什麼數字，後來幾乎都完成。因為這些願意填上數字的人，都是認為人生是「美好」的，相信自己能完成，也因為相信，他的組織團隊也變得更美好。

有一則寓言故事是這樣說的：

在一個皇宮的果園中，栽種著各式各樣的新鮮果樹和花朵。有一天，國王到果園散步，卻發現園中的花果樹木全部枯萎凋謝了。

國王問橡樹：「你為什麼枯萎了？」

橡樹回答說：「我不如松樹雄偉挺拔，昂首天外，所以不想活了。」

國王接著問松樹：「你為何無精打采？」

松樹說：「我比不上葡萄樹能結滿果實，自覺無用。」

國王又問葡萄樹，為何不結果子？葡萄樹說：「我長得歪七扭八，不像椰子樹筆直，只能結果子。」

國王緊接問椰子樹，為何毫無朝氣？椰子樹說：「我的果子比不上西瓜的可口甜美。」

西瓜則馬上回說：「我沒有茉莉花那麼香，所以悶悶不樂。」

滿園的花果樹木，都因不知足而自怨自艾。

國王聽完所有的抱怨後，說了這樣的話：「我如果也羨慕我的人民只要農作，不用煩惱國家大事；農民卻抱怨，他們需要辛苦農作。試想，這個國家還能維持運作嗎？」

我們是否也常犯下同樣的錯誤？常在抱怨這個、抱怨那個。一直處於抱怨的人，想法自然就負向，想法負向消極的人，自然就無法積極的面對困難與挑戰。

別去羨慕別人，甚至忌妒別人，而忽略了自己所擁有的一切。每一個人都能有美好的人生，而這美好的結果，往往是被自己負向的想法給掩蓋。

人們常說：「人生不如意事，十之八九。」

然而在人生中所面對的許多事情裡，往往是「謀事在人，成事在天」。尤其是當你面對自己的直銷事業時，更應該放下負向，想像美好。因為唯有這樣的想法，才

能讓許多不可預知的挑戰，通通迎刃而解。

　　因此，許多事情只要我們的「心念」轉一下，我們的世界也會隨之改變。以「正向」來面對我們自己吧！用正向的思維，讓你的人生與眾不同！

PART2　積極・二
行動力快，
改變慢半拍的做法

　　慢半拍等於反應遲鈍，但慢半拍可以說有不專注的成分，卻不等於不專注。我曾經一竿子打翻一條船的人！接下來講幾個故事：

　　印象最深的是我的一位同學，我對他反應慢半拍已經司空見慣了。每次我跟他講笑話的時候，他的回應給我的感受，總是聽不懂笑話與百思不得其解的表情。過了好久，真的是很久的時間，我都已經在講別的事情，甚至於我自己都忘了先前講了什麼笑話時，他才突然大笑起來，回說：「你剛才講的笑話實在太好笑了。」

　　什麼？我剛才講的！我張大嘴巴，差點把我的下巴

給驚嚇掉了。而我的內心幾乎是崩潰的，因為他的反應慢到我有點想抓狂，這到底是慢了幾個半拍啊？

我曾一度以為是我講笑話的功力退步了，試著把相同的笑話用相同的講法講給不同人聽，其他人總能在聽我說完後，第一時間哈哈大笑，所以我更加肯定是我這位朋友的問題。

這反應，我想就算讓他搭高鐵，也不一定能跟得上我們這些常人的速度。類似的事情不止發生一次，從此我這位同學被我定義成為慢半拍的人，而我也常常對身旁的朋友這樣介紹他。

一次與這位同學一起聚會，席間他女友也出席了，那是我第一次見到他女友，我介紹自己與這位同學過往的相處與相識的種種。提到慢半拍時，我扯開嗓子，高八度的講著：「妹子！我這位同學什麼都好，就是反應慢半拍，妳可要多多體諒！」

沒想到我同學的女友卻說：「他不是反應慢，他只是不夠專注，因為他只能一次做一件事，你誤會他了。」

聽到這句話，我有點無地自容。我認識這位同學比他女友還久，卻沒有發現原來我所認知慢半拍的同學，只是無法分心做兩件事。

只能專注在一件事上，這種行為不等於慢半拍，只是無法專注。所以要改變慢半拍，就要從專注做起。至於如何專注，我們前面都已經談過了。

還有一個方式，除了可以提升專注概念，最主要還能提升行動力，那就是活在當下，或者說，把自己放在當下。

有些人的反應慢，是因為專注力不足，有些人是不知如何反應，但不論是哪一種，都可以說是沒有把自己放在當下造成的結果。

對於專注力不足、無法分心的人，當下若是要聽笑

話就專注聽，聽完再做其他事，就不會讓人有慢半拍的感覺。不知如何反應的人更是，當你把自己放在當下，用心去聽、去體會，你也會有些微的反應。

行動力快不快，跟你有沒有反應有關。要行動力快、行動力強，就要說是反應快慢的問題。

至於反應快慢有兩種：第一種是有經驗，所以反應自然快；第二種是有感覺，所以反應快。

第一種的反應慢，可以很簡單解決，就是讓自己從沒經驗變有經驗。這樣下次碰到相同的狀況，反應就快了，行動力也快了；至於第二種的反應慢，就真要好好瞭解「當下」這兩個字的真實意涵。因為當下的感覺最真實，也最重要，所以我們要簡單探討一下「當下」。

我們常聽到小朋友說：「等我長大後要……」，聽年輕朋友說：「等我……的時候，我就可以……」

這一等，等到我們都老了，但多數這些過去想的、

講的，都沒有等到。各位朋友，我們是不是經常忘不了過去，又想著未來，使自己陷入行動裹足不前的狀況？如果我們活在當下，沒有過去、沒有未來、只有現在，你怎會沒有行動呢？

我常常在課程開始之前，希望學員能投入課程中專心學習，我總會說「當下」這兩個字應該要如何表現，我總是告訴上課的學員，當下就是此時此刻上課的自己最重要，教室外的一切都不比上課的自己重要。所以教室外如果下雨，不用擔心曬太陽的衣服沒收會淋濕；也不用煩惱另一半趁你來上課時選擇跟別人跑了。因為當下，我們在上課；因為當下，就是此時此刻最重要。

的確，多數人一直把心寄情於過去的事物中，又或是只想著未來的事物，所以眼前的事物再美好，都無法吸引他們。

如果一直想著未來，又怎會珍惜現在的可貴？當

下，最美好的事物，需要用心體會與感受，一旦分心，就無法專注；無法專注，行動力就無法展現，即便之後發現很重要，要馬上執行時，也會被說慢半拍。

慈濟創辦人聖嚴法師說：「**當我們面對人生難題時，必須告訴自己去接受它、面對它、處理它、然後放下它。**」因為當我們面對不敢面對的問題時，通常都會幫自己找一堆藉口加以逃避，但是逃避原本就應該面對的問題，根本無法解決問題。

既然你要面對的，都是遲早要面對的事情，何不把自己放在當下，用心體會與感受，然後快快下決定，馬上行動，展現你的行動力。人若處於凡事都慢的狀態，就算有好的結果，也只會慢慢來。

至於從事直銷的朋友，你如果清楚為何要展現行動力，改變慢半拍的習慣後，接下來我要直接點出，在你的事業拓展過程中，有哪些要快不能慢的事：

一、下定決心投入要快；

二、目標設定要快；

三、報名學習要快；

四、參加公司的任何活動要快；

五、用心體驗產品要快；

六、整理各項資料要快；

七、邀約新朋友要快；

八、建立下屬組織夥伴要快。

這些都一定要快，但不是這些要快，其他不用。而是這些要更快，因為這些直接影響到你的收入與組織發展，所以你說要不要快？

PART2 積極‧三
果決，
取消猶豫不決的念頭

　　有人出門買個菜，來回只花十分鐘就能完成了，但出門前卻花了半個小時，決定不了該穿哪一件衣服；有人吃碗麵只花五分鐘就解決了，卻花了十分鐘看著菜單，不知道該選擇點什麼菜。

　　有時猜想著，這些人上輩子大概是演員吧！生活中面對選擇時，內心總是上演著波濤洶湧的戲碼。

　　該選紅色或銀色的衣服？吃義大利麵還是牛肉麵？假日去陽明山走走還是到礁溪泡湯？

　　喜歡紅色鮮豔，但銀色好像比較百搭耶！義大利麵店的座位比較舒服，可是牛肉麵比較便宜。陽明山假日

人多恐怕會塞車，不過宜蘭比較遠，來回花費的時間比較長……

諸如此類種種的選擇，每天好幾回在我們的生活中不斷上演，這樣的問題若無法解開，我們積極的態度也就無法展開。

有這樣問題的人，每回下決定時，心中總是百轉千迴，就像腦袋瓜裡有兩個自己互相辯論，找遍理由不斷推翻對方的說法，一廂情願地以為「真理越辯越明」，但結果真理都不會出現，總是等到第三個自己跳出來大吼一聲：「夠了沒，到底要怎樣！」方才驚醒，但這時早已讓自己瞎耗了許多時間。

如果我們一直過著被優柔寡斷、猶豫不決支配的人生，會常常令我們身邊的伴侶、同事、朋友感到不耐煩，就連自己也都會覺得困擾。隨著難以抉擇的場景一再重現，不禁想問：「為什麼別人不會猶豫不決，難道我有

病嗎？」

有些人的成功是機會或偶然的，然而大部分人的成功，則是必然會發生的。

對於一個正常的人來說，我們每天都要對生活中所發生的事情做出選擇，同時也要對某些事物做出主動或被動的回應，因此，果決就必然是我們肯定會碰觸到的議題。

所謂果決，就是為自己的舉止、感受和行為做最終的裁制與決定，成為這些行為獨立的決定者，及其後果的承擔者。

果決的人，由自己做出選擇，而且敢作敢當，同時也不去貶損他人、侵犯他人；而被動的人，不替他人做出選擇，他們壓抑自己，也允許別人在某種程度上可以欺負自己。

我們將果決作為一種生活態度，不說這個人成功與

否，單純是生活上，果決就是我們必須做到的。

在當今競爭力日益增強的社會中，果決則更是我們不可忽視的。面對事情能夠果斷的選擇，生活上、事業上面對變化，以一種穩如泰山的態度，在眾人面前保持著一種控制力，這都是當今在社會打拚的我們，所該具備的一種不可缺少的能力。

換個方式來說，就是你知不知道該如何選擇？如果知道，果決的能力就能很快展現，反之就不同。

心理學家說，猶豫不決與優柔寡斷，都是沒有自信的一種表現。

要解決這類型的問題，除了來上 4 A 人生的培訓課程，我們有一堂很棒的課程叫「選擇」，你也可以運用下列的方式，自己在家試試。

♠ 找出源頭，面對擔憂

一般人猶豫不決的，通常不是事件本身，而是背後的意涵，必須經過抽絲剝繭，才能發現自己最終害怕的關鍵。

舉例來說，當你挑選一件洋裝時，在紅色或銀色之間猶豫不決，明明無論哪一件都合穿、也都好看，為什麼做個決定這麼難？

或許背後考量的，是另一半的審美觀，擔心買錯顏色、選錯樣式，擔心伴侶覺得不夠漂亮，連帶影響兩人的親密關係。

因此，「擔心感情受挫」才是產生一連串猶豫不決的根源，一旦想通了，或許就能豁然開朗，做決定也沒這麼困難了。

♠ 目標方向要明確

我有一個朋友去求職，同時被五家公司錄取，他必須做出決定，究竟該選擇去哪一家公司上班。他為了這事苦惱，最後跑到廟裡請神明幫他做決定。

我的另一個男性朋友，想在情人節送花給心儀的女生，卻在「請花店送達」或「親自送花」之間猶豫不決，經過一番苦思後，決定請花店代勞，不過因為考慮時間太長，等到下定決心送花時，花店已經因負荷量太大，無法幫他準時送達，結果當然沒有追求成功。

這都是沒有認清自己的目標方向所導致的結果。

♠ 採用要不要、好不好的方法來加快選擇

人，當可以選擇的項目越多時，所花在選擇的時間

上就越久。尤其是要優柔寡斷的人做決定,如同站在一個有很多路口的地方,選擇自己要走的方向,這時選項越多,越讓人茫然失措。不如乾脆縮小範圍,只提供兩個選項做決定,如要不要吃牛肉麵,買紅色的衣服好不好這樣的選項,這樣在選擇上就容易多了。

♠ 強迫自己做決定

製造一些壓力,訓練自己在短時間內做出決定。

比如口袋的錢就只能吃牛肉麵,吃不起義大利麵。不論這些壓力是假象或是真實,選擇也就更容易了。

對於個性猶豫不決的人,本來就容易往事情的壞處想,一旦有了充分的思考時間後,腦中更不由自主地強化了負面的結果,翻來覆去更難有下定決心的時刻。因此,壓力就成為是強迫自己盡快選擇的驅動力了。

♠ 正向思考

如果做決定當下的思維模式，總是聚焦在負面結果，難免讓人越想越害怕，就會踟躕不前；若能正向思考，戒除猶豫不決的壞習慣，就能容易許多了。

果決是積極的幫手，猶豫不決卻是阻礙積極的殺手；若我們無法果決的選擇，等於是在阻礙自己展現積極的態度。

克服猶豫不決與優柔寡斷，內心煎熬自然就少，人生也會變得更加開朗，不是很好嗎？從事直銷的朋友們，現在就拿起電話，打電話給你一直猶豫不決、不敢打電話給他們的那些人，大膽告訴他們，你在從事直銷事業，你想邀請他們一起加入，大聲的說出來吧！

把你的想法告訴他們，只要你說出來了，即便他們沒有任何的回應與反應，至少你做了。你會發現，你的

心情變輕鬆了，你以後面對他們是自然的，你的事業版圖也可能因此多了一些你意想不到的成員出現。

現在就做吧！果決一點！別再猶豫了！

PART2　積極・四
相信，
培養對未來憧憬的畫面

　　相信的力量很大，我們在前面也有簡單談過。**積極與相信之間是連動的，是決定於念頭與行動的概念，如同神經反射帶動行為**。舉例來說，一個正常人看到冒煙的水壺放在瓦斯爐上，絕不會伸出手直接去摸水壺，因為直覺上水壺是熱的。但你可曾想過，水壺裡其實是冷水，而冒出來的煙是乾冰造成的。

　　這是一般人的直射反應，因為相信瓦斯爐、冒煙、水壺，等於熱水，所以腦中相信了，告訴手不要去碰，這就是連動，所以我們一定要先讓自己相信。

　　一個人要能夠真正相信自己，不是靠每天幻想、催

眠來激勵自己。這些方式只能植入你的腦海中形成概念，但如果想產生效果，就必須靠自己紮實的努力，才能產生「相信的力量」。如同冒煙的水壺，人沒有被燙過一次，即便知道熱水會燙，但你還是會想去試試到底熱不熱，這是因為相信的力量尚未產生。

「相信自己」這句話要能夠真正產生驚人的力量，就必須要靠自己努力到極致的狀態後才能展現。

沒有人不想成功，但許多人總是「想著要成功」，卻始終無法付出實踐，或者無法讓自己堅持到底。這種連自己都無法被自己說服的程度，怎麼可能讓自己成功？ 如何產生相信的力量？

我建議各位朋友，單純相信自己做得到很重要。在相信自己能做到後，除了要不斷的自我暗示外，還要去行動，而且是不斷的行動。**從行動中讓自己去發現，自己是真的可以做到的，這樣相信的力量就能夠產生，而**

且它所產生的力量，會是你無法想像的強大。

我有一堂課「生手與專家」，透過簡單的活動，讓參與的學員體會與瞭解，相信自己一定做得到的力量。所謂的專家與沒有經驗的生手，這兩者之間的最大差別，就只是一次又一次的行動；也就是說，專家之所以能成為專家，就是他有一次又一次不論失敗或成功的經驗，這些都是生手沒有的。如果你相信自己能成為專家，那你只剩下一次又一次的行動。

在你選擇相信的同時，且仍未達到成功的階段，接下來你必須改變現在的生活習慣，不要只是嘴上大聲喊著：「我要成功！我願意改變！」但隔天還是走原來的路。

所謂的改變，代表著你必須犧牲你目前所擁有的享樂。你可能要戒掉晚睡晚起、每天浪費在滑手機、打屁聊天、狂歡跑趴的時間，因為這些都是在浪費你的成功

時程，阻撓你積極成功的態度；要改變這些是痛苦的、是艱難的，但卻是必要的。

我們在不同的培訓課程中，看過無數不同的激勵影片，這些激勵影片都有相同的主角，那就是運動員。這些激勵影片會不約而同的採用運動員來訴說同一個主題，達到激勵的效果。

那是因為**所有偉大運動員的思維都一樣，縱使他們已經努力贏得了世界冠軍的寶座，之後還是持續努力，甚至加重訓練的份量，繼續往下一個冠軍、榮耀邁進！**

努力，沒有極限。這也是因為他們對未來的持續成功有憧憬，所以他們不會因為一次的成就，就停止他們的練習。

我要大家想想，成功後你能得到的好處、優點、幸福或美好的成果。因為這些停留在你腦海中的美好畫面，也是一種相信的驅動力。

　　當你選擇相信、開始相信，並且為了相信自己能成功，而開始一次又一次的行動。嘗試著透過每一次的行動，讓自己能朝向成功之路前進時，也請你有空或有機會時停下腳步，想想你成功之後能得到的。因為這些想像，能讓你更心無旁鶩的持續往成功之路前進。

　　我個人最喜歡的成功學始祖拿破崙・希爾，他曾列舉一些消極心態的名詞，我在這與大家分享：

・憤世嫉俗，認為人性醜惡，時常與人為忤，因此缺乏人和。

・沒有目標，缺乏動力，生活渾渾噩噩，有如行屍走肉。

・缺乏恆心，不曉自律，懶散不振，時常製造藉口去逃避責任。

・心存僥倖，空想發財，不願付出，只求不勞而獲。

・固執己見，不能容人，沒有信譽，人際關係不佳。

· 自卑懦弱，自我壓縮，不敢信任本身潛能，不相信自己的智慧。

· 揮霍無度，吝嗇貪婪，對金錢沒有中肯的看法。

· 自大虛榮，清高傲慢，喜歡操縱別人，權力遊戲，不能與人分享。

· 虛偽奸詐，不守信用，以欺騙他人為能事，以蒙蔽別人為雅好。

　　看了上面這些消極的字眼，心裡是否多少存在著恐懼感，害怕自己會那樣，但卻又不自覺得變成那樣。要知道，消極心態像惡魔一樣阻礙著我們的成功之路，但你不用恐懼，也不需要害怕，因為只要保持積極的念頭與想法，並將這些念頭與想法轉化成行動，那些看起來令人厭惡的字眼，自然就跟你沒關係了。

　　積極與態度雖然不同，但是積極可說是一種態度的

延伸。但積極的念頭與想法，是來自於你先有想要成功的想法，或是說你想要有與眾不同人生的態度。

也就是說，**當你有了態度，而且是明確想要成功的態度時，這時候積極的想法與行動，才會有明確的目標與目的。**

如何保持積極的心態與想法，如何讓自己一直積極的行動，有些觀念與做法和態度的某些概念相同。

另一方面，我認為人要積極比較容易，要有正確的態度卻比較難，因此我們常在坊間的培訓課程中，看到、聽到最多的訓練，同時也是收費最高的，都是有關態度的。

我這樣說並不是積極不重要，而是當你態度正確了，觀念調整了，積極的心就自己產生了。

如果你要我用一句話來說明積極，我會用這樣的解釋：**「如果你覺得這是一件你感興趣或重要的事，你自**

然就很積極了！」

　　親愛的朋友，對你想要達到成功的事情，或是能幫助你達到成功的事情產生興趣或培養興趣吧！因為這些將能讓你積極的完成你想要的境界。

PART 3

野心
Ambition

野心，聽起來好像很負面，但我為什麼要把野心當做４Ａ人生的第三個Ａ呢？我們先來看看野心的意思。

野心是指對事或物有大而非分的欲望，多數的意思較負向；但從正向來解釋野心，則代表著對於自身的遠大理想與目標所存在的企圖心。

野心最大的毒藥，是它會帶來貪婪、暴力、競爭、奮鬥、不斷和他人爭鬥。然而野心的另一層意義，是要你領先他人。**透過領先他人的野心，來超越自己。**

我們從小到大，都被教育要比別人更優秀，必須勝過別人，否則將無法得到更好的。也因為這樣的教育，讓多數人的野心為了達成，採用了負向的行為模式。

但如果我們用正向且廣義的角度來說，野心只是要你不斷的超越自己，這樣野心就能被自己所用，也能為別人所接受。每一個人生來就帶有自己特定的性格、狀態與條件。你有與別人不同的家庭背景及成長環境，你

就是你，別人無法取代你，你也無法取代別人，你唯一能戰勝與挑戰的，只有你自己。一個有智慧的人，是絕對不會需要去與他人競爭的。

「我是我，你是你，我不需要成為你，你也不需要成為我。」就像蓮花就是蓮花，它不需要擔心它不像玫瑰花那樣廣泛受人歡迎，因為蓮花的其他價值，是玫瑰所不及的，如蓮子、蓮藕等。這就是自我超越、自我價值的提升，若用在我們自身，就是一種超越自我的野心。

我個人是很正向的在看待野心這個概念，我也認為沒有野心，做一件事就會沒有動力。就好像讀書，如果我們覺得自己已經考得很好，很滿足就不再努力的話，我們就不會再突破，我們的知識只會停滯不前。

另外，沒有野心，做一件事也就不會積極了；一旦有了野心，去做一件事，面對那件事，自然就會有熱心、

熱情、動力去完成。孫中山先生推行的辛亥革命，他的野心是要打倒滿清政府的腐敗，雖然沒有一次就成功，但他革命的成就，讓我們這些後代子孫尊敬與崇拜。他就是有野心，所以才會有推翻滿清政府的成就。

但如果亂用野心，也會帶來不好的效果與下場。就如同在職場中，我們很常看到能力不足或狀態不佳的同仁，為了升官或是取得長官們的認同，常用不正當的手段與方法，讓某些事情變得不一樣，這樣的結果往往是兩敗俱傷，尤其是自己付出的代價更大。

長孫無忌的故事，不知各位還記得嗎？長孫無忌，唐朝洛陽人，長孫皇后的胞兄，他輔佐唐太宗平定天下，官拜吏部尚書。唐太宗臨終前，命他與褚遂良兩人，共同輔佐太子李治（唐高宗）即位。

李治是長孫皇后所生，是長孫無忌的外甥。唐太宗曾因太子李治的個性懦弱，擔心他不能好好治理國家社

稷，曾想改立文武雙全的三子李恪，遭到長孫無忌的極力制止。太宗則對長孫無忌冷笑說：「卿反對改立太子，莫非因為李恪不是你的親外甥？」此事雖然太宗作罷，但是長孫無忌從此對李恪非常厭惡。

唐朝永徽年間（西元六五〇—六五六年），唐太宗之女高陽公主與駙馬房遺愛謀反，最後事跡敗露，鋃鐺入獄。長孫無忌提審房遺愛時暗示他，如果將李恪也牽扯進此案，便可減輕罪刑。於是房遺愛隨口承認，李恪因此被判死罪。李恪在臨刑時大喊：「長孫無忌濫用職權，宗廟社稷有靈，長孫無忌必當滅族！」

後來，高宗欲廢王皇后，改立武則天，長孫無忌據理諫止，武則天因此懷恨在心。許敬宗為了迎合武則天，多方探察，伺機陷害長孫無忌。

有人上告太子洗馬韋季方結黨營私，高宗下詔命許敬宗審訊，許敬宗用重刑逼迫韋季方誣供長孫無忌謀

反，於是長孫無忌被貶。許敬宗暗中派人逼長孫無忌自盡，並偽造供狀，還奏請高宗，長孫無忌兄弟子侄皆受牽連，無論親疏，一併處死，竟應驗了李恪臨刑時所說的話。

有野心是一件好事，它會使我們自己有動力，積極去完成一件事。但野心太過、太多時，會造成自私，有些人會不擇手段來得到成就，而並非真才實幹。有很多例子，名人都是靠著少許野心，加上大量的努力及實力，才得到過人的成就。

我們所擁有的野心，就是為自己制定一個遠大的目標。但是目標再偉大，如果不去落實，永遠只能是空想。

要享受 4 A 人生，就必須要擁有野心，野心可以激勵我們的鬥志，刺激我們去行動。當目標制定好之後，就要付諸行動去實現它。如果制定了目標卻不行動，那麼所制定的目標就變得毫無意義，而野心也就成了空

想，而不是明確可以執行的行動計畫。

實際上，要制定目標是很容易的，難的是付諸行動。制定目標可以坐下來用腦子去想，實現目標卻需要行動，只有行動才能化目標為現實。我們在之後的章節中，會花一點時間來說明。

邁克爾‧戴爾是ＤＥＬＬ電腦的創辦人，他總喜歡這樣說：「如果你認為自己的主意很好，就去試一試吧！」

戴爾本身就是以做一個成功的電腦商人為夢想出發，而最終成為美國第四大的個人電腦公司。戴爾是在德克薩斯州的休斯頓市長大的，有一兄一弟，父親是一位牙醫，母親是證券經紀人。在眾兄弟中，少年時期的戴爾就已顯現出勤奮好學、幹勁十足的優勢。

戴爾十歲時，有了一個好主意，他在集郵雜誌上刊登廣告，出售郵票。後來，他用賺來的兩千美元買了他

的第一部個人電腦，然後把電腦拆開進行研究。

戴爾讀高中時，找到了一份為報紙徵集新訂戶的工作。他推想新婚的人最有可能成為訂戶，於是僱請朋友為他抄錄最近結婚的人的姓名和地址。

他將這些資料輸入電腦，然後向每一對新婚夫妻發出一封有他私人簽名的信，允諾贈閱報紙兩星期，而這次他賺了一萬八千美元。他用他賺到的錢，買了一輛德國寶馬汽車。當汽車推銷員看到這個高中生竟然用現金付款時，還覺得他的錢的來源有點可議。

後來戴爾進入大學時，他和多數大學生一樣，需要自己想辦法賺零用錢。那時候個人電腦剛剛興起，大家都想買電腦，但卻沒有人買得起。戴爾心想：「經銷商的經營成本並不高，為什麼要讓他們賺那麼豐厚的利潤？為什麼不由製造商直接賣給用戶呢？」

也因為這個念頭，戴爾從宿舍裡開始了他的個人電

腦生意，透過當地報紙刊登廣告，銷售屬於他自己的個人電腦。幾年後，戴爾自己的電腦公司在全球幾十個國家都設有公司，年收入超過了二十億美元。

萬事起頭難！要完成一件事情就需要有野心。野心會催生行動的想法，而行動又促成了成功的進程，持續的行動，成功終將到來。

所以要實現自己的目標，就需要先有超越自己的野心，而不是傷害別人、成就自己的野心。有了正向的野心，就必須去馬上行動，而且是不斷的行動。

因為夢想就在眼前，４Ａ人生指日可待。

PART3　野心‧一
放大自己的目標
（宏觀）

　　說到目標的重要性，我想多數人都會說：「我知道！」；說到目標設定，我想多數的人也都會說：「我知道！」但事實上，到底所謂的知道是真知道還是假知道？知道卻不行動，又或者行動了，卻沒有完成所設定的目標，如果是這樣，我都統稱你是「假知道」。

　　我先來說說目標的重要性。當你有了一個想法，你想要去完成，這個想法，不能稱之為目標，充其量只能說是夢想。也就是說，你有一個夢想想要去完成，而不是有一個目標要去完成。因為夢想很容易被當成目標，但是夢想是夢想，目標是目標，兩者不能混為一談。

怎說夢想與目標不同呢？我們用多數人都有過的經驗來談。

小時候我們一定都有過新年新希望的經驗，但你有沒有發現，年年都失望，原因為何呢？簡單來看，就是我們沒有將夢想化為實際可執行的目標，因為沒有轉化，所以夢想一直變成幻想，只能想，無法實現，所以當然與目標不同。就像有女孩身高只有一百五十公分高，卻夢想著當空服員，這個夢想會隨著現實的條件無法符合，而選擇作罷、放棄。

至於目標，是實際可以達成的計畫方案，是有時間性、有規畫、有明確執行方法的，若加上你的野心驅使動力，當行動力產生，目標就能實現，你只需要按部就班去執行，和等待時間的到來。這就是目標與夢想不同的地方。

也許你會問，所有的夢想都能轉化成目標嗎？我只

能說，只要你的夢想能轉化成為實際可以執行的目標，這計畫方案有時間、有方法，而且明確和合理，那這個夢想就有可能實現。

所以說身高一百五十公分到底能不能當空服員呢？我說可以。我常用這個例子在課堂中與所有人分享，多數學員在還沒有瞭解夢想與目標的不同時，都認為不可能，因為多數航空公司都規定最少不得低於一百五十五公分。但在我解說過夢想與目標不同，所謂的目標應該是什麼時，就會有少數的人想出解決方法。

你想到了嗎？如果你剛好有這樣的夢想，也剛好因為天生條件上的不符合規定，限制了你的夢想，先花點時間想想，將這夢想用我剛剛提的方式轉化成目標，別急著往下看，先想三分鐘吧！

有答案了嗎？方法有很多種，我提供一種我上課時常講的方法。夢想是當上空服員，條件是只有一百五十

公分，轉化成目標，努力賺錢買下航空公司或自己成立航空公司，然後只聘請身高一百五十公分的人當空服員。這不僅完成了自己的目標，也協助他人完成目標，一舉數得不是很好？

你只要將這方式，用上課教的方法，變成明確可以執行的計畫，要完成是很有機會的。所以你說，目標重不重要？要不要目標設定呢？

既然我們知道了目標的重要性與設立目標的方式，若加上野心，我就要請大家在設定目標時，多做一個動作，那就是放大目標。

所謂的放大目標，就是要各位將你所設定的目標結果往上提升，這樣做除了是要讓目標更容易達成外，也能培養你的野心。

舉例來說，如果你有一個目標，是要用三年的時間存一百萬，若你有規畫的去執行，你一個月只要存兩

萬七千八百元，三年後就可以達成一百萬的存款。但如果你把目標放大，將一百萬改成一百二十萬，一個月改成要存三萬三千三百元，這些微的差距壓力不大，卻能讓你只花三十個月，也就是兩年半的時間就完成原本存一百萬的夢想。如果繼續執行完成三年計畫，目標就變成一百二十萬，而不只一百萬了。

放大目標不僅能讓你提前完成目標，也能讓你達成更大的目標。透過這樣的方式，也能培養你朝向更高、更遠的目標前進，這也是培養野心的方法。

至於為什麼要用這樣的方式來培養野心呢？

我的真正想法是要各位養成擁有宏觀的視野，而非只專注在目標事物上。目標事物固然重要，但在完成目標事物時，能讓自己的視野更為宏觀，除了達成目標外，還能完成另一項事物，這不是很好？

看過李安執導的電影《少年 PI 的奇幻漂流》嗎？

我們若用宏觀的角度來看，《少年 PI 的奇幻漂流》可以定位為一部「寓言故事」。

片中，商船桑奇號，這艘載滿了動物和人類的船，正代表著人性與野性之間的橋樑，船的翻覆讓人性與野性有了溝通的機會。人性害怕野性的爆發，而野性則害怕人性的機智，這樣的戲碼不斷在 PI 與老虎之間上演。

過程中，PI 不斷的運用經驗以及從父親那裡所學的知識來馴服老虎，而老虎也運用本能來避免 PI 進一步的傷害牠，就在這微妙的關係中，兩者達到了平衡。

途中經過的小島，象徵著大自然是一把雙面刀刃。白天小島提供了無數的資源，夜晚卻變成了冷血的殺人魔，也象徵著人類不可輕忽大自然的威力，否則將會被大自然反撲。

故事最後，PI 馴服了老虎，意味著人性滲透進了獸性，但 PI 也在不知不覺中被獸性給感染，因此兩者的

關係才可繼續保持平衡，這也使得兩者的關係親密了許多。

故事的開端來自日本的兩位調查員，因為不相信 PI 所說的船難故事，或許也代表著常規與超乎常理之間的人性碰撞，如果你是調查員，聽到這樣的故事，你會相信嗎？

我個人很好奇的是，故事中 PI 本來用盡心力，構思了多種計畫要擺脫老虎，但最後卻做出了不在計畫中的事，那就是：「不讓老虎死！」

PI 為什麼要這麼做呢？我個人粗淺的看法是，PI 可能認為老虎也是具有生命的，而 PI 自己能不斷為了求生，而想出讓自己活下去的方法，故事的另一個主角老虎也是功不可沒。因為如果沒有老虎給予 PI 死亡壓力的話，或許 PI 自己可能很快就放棄了求生的意志。也許是這個道理，加上 PI 需要有陪伴他度過煎熬海上漂

流的人，即便對方是隻老虎，PI 才會設定不要讓老虎死的計畫。

　　不論你相不相信，我要大家理解的是，看事情不要只是看表面上的感受，**若能用更宏觀的角度，你會看到更多的東西，它會提升你的視野，讓你的野心不會只是停留在表象的事情上。**讓你的野心不斷超越自己，而不是傷害他人的負向野心，這樣的野心才是我要與大家分享說明的正向野心。

PART3 野心・二
用上級的想法行事

　　美國汽車大王亨利・福特說：「**如果說成功有祕訣的話，那就是站在對方立場來考慮問題。**」

　　我個人對這句話有兩種解讀，一種是借位思考，另一種是站在成功者的角度想事情。所謂的借位思考，就是換個立場想，這不僅能夠讓我們得到別人的理解和支持，也有助於我們更容易瞭解別人，找到那個可以順利解決問題的方式。

　　有一位母親在聖誕節前夕，帶著五歲的兒子去買禮物。大街上隨處都有聖誕節的歌曲，隨著喇叭到處放送，路上也可看到喬裝成聖誕老公公的人，載歌載舞並發放小禮物，商店裡五光十色的玩具應有盡有。

　　「兒子看到這一切一定很高興吧！」這位母親心想。然而，她萬萬沒有想到，她兒子卻緊拉著她的衣角，哭了出來。

　　「怎麼了？如果你一直哭，聖誕老公公可不會給你禮物喔！」母親有些小生氣的說。

　　「我……我的鞋帶鬆開了……」兒子帶著哽咽的語氣回答。母親不得不在大街上蹲下身來幫兒子繫鞋帶。

　　當這位母親繫好鞋帶，無意識的抬起頭來時，眼睛撇了一下周圍，啊！怎麼會什麼都沒有？沒有迷人的櫥窗，沒有聖誕禮物，沒有聖誕老公公的白鬍鬚與笑容，只有聖誕音樂和人來人往的腳步。那些她看到美好的東西，在孩子的眼裡什麼也看不到。

　　這是這位母親第一次從五歲兒子的高度看世界。她感到震驚，立即把兒子抱起來，扛在自己的肩上，兒子開心地笑了起來：「媽媽，好漂亮啊！」

　　「站在孩子的立場上」，這位母親以自己親身的體驗認識了這一個道理。我相信除了看東西的角度不同外，這位母親也因為這樣，不會再將自己想要的，加諸在這個五歲小孩的身上。

　　換位思考是與人相處一個十分重要的技巧，也就是將自己置身於對方的立場和視角，去體會對方的內心感受，瞭解對方的確切需求，從而在彼此之間，架起一座溝通的橋樑。

　　如果你有稍微瞭解我所說的，有空時不妨經常問一下自己：「如果我是他，我會怎麼樣？」

　　尤其是當你碰到兩個人因立場不同而針鋒相對時，想想看，如果我處在對方的立場，我會這樣針鋒相對、據理力爭嗎？我為什麼要這樣呢？當你進行這種角色轉換的時候，就會驚訝的發現，自己還有許多可以改進的地方。

在戰場上，知己知彼，百戰百勝；社會人際交往中，也需要換位思考，才能知己知彼，進而達到人際交往的無障礙境界。

另一個我們要探討的，也是從事直銷事業的朋友一定要理解的另一層含意，就是站在成功者的角度思考。也可以說是，當我們還未成功時，請你要多用你上級的想法來做事情。

還記得我們前面說過，要學習模仿成功人士的言行舉止嗎？這裡要談的是站在這些人的立場想法，與他們做同樣的事。

我上過有許多企業領導人一同參與的課程，我從他們身上看到了「抱持著夢想前進，不到最後絕不倒下」的精神。在生命走向盡頭之前，他們仍專注於自己所選擇的道路，直到完成夢想才停止。而且他們還有一種精神，就是當他們已經完成了自己的夢想，仍會再擴大夢

想，往下一個夢想前進。

　　而且我還發現，不只是這些企業領導人這樣，在他們的員工身上，也有一種「為自己的工作堅持到底」的精神。但是不是每件事只要以這一種精神去執行，就能自動獲得解答。更重要的是，還必須更積極去接受任務，甚至為他人的事情負責到底，這樣才能形成強大的團隊。

　　從某種層面來看，人才是被創造出來的。在工作職場上，人才是被訓練的，多數是因領導人的某些特質，被行為化、規格化或是成為企業文化，因此員工就被這些行為、文化而塑造，可以接受的就留下，不能接受認同的就另覓他處。

　　但真正好的人才，是不需要特別的行為或文化去規範與評價。好的人才，在這裡他會自動用上級的想法行事，即便只是一個新進人員，不用多久的時間，你就能

輕易從他的行為舉止或行事風格中，看出他與上級相同之處。這樣的人我認為才是真正的好人才，因為他不是被某些規範強迫出來的，而是發自內心，那種想要上進的野心所激發出的行為。

我個人最不喜歡任何雞毛蒜皮的事都要詢問主管，聽從主管的決定才要行動做事的員工。這種人永遠都沒有自己的想法與主見，就像在戰場上，敵人已經殺到眼前了，他卻問下一步該怎麼辦？如果員工都是這樣的人居多，在與敵人短兵相接時，立刻成了烏合之眾，因為他們只懂得發問與聽從指示。

主管不可能什麼事都幫下屬規畫好，他們只能掌握整體方向，提示大的架構，具體事項必須由熟悉現場的員工處理。同樣的，當下屬的人，除了要熟悉自己原本的工作外，也要從上級主管的角度，想想現在自己所做的，是不是上級的想法？自己所做的，符不符合上級的

期待？如果自己是上級主管，會不會滿意自己所做的？
如果自己是上級主管，會不會用相同的方式行事？

如果沒有這種觀念，即使深知有哪些問題尚待改
善，也會因為想法與上級主管不同，自己深怕改善錯誤
而不敢改善，只能等待上級主管發現時才去執行，被動
的等待主管的指示。

抱持這種想法的人，必須思考一個問題：「何謂工
作？」**工作不是聽從他人命令而做的事情，而是主動發
掘應執行的事。**聽命行事不是真正的工作，因為這種程
度誰都做得到。接下新的工作，必須找出其中的問題，
思考新的解答後，妥善完成任務。這就是完成自己分內
「工作」的過程。

彼得‧杜拉克曾經強調：「**專家與年齡、經歷、職
務等因素沒有直接的關聯。盡其所能為達成目標奉獻的
人，才是真正的專家。**」

在工作職場上是這樣，在直銷團隊中更是如此。直銷事業與一般工作最大的不同是，它沒有任何的規範與條文，限制一個人應該或必須要用什麼方式去行事，完全是依照自己的風格與習慣在執行。好處是不受約束，缺點是不會有人告訴你，你錯了。

所以我常告訴從事直銷的朋友，直銷是一種高度自我管理的行業別，只要你能自我管理得很好，就能把直銷事業做得不錯。如果你無法自我約束與規範，就無法把自己的事業發展得很好。

這時候，你可以選擇學習、模仿或用你上級領導人的想法行事，讓自己有所規範，時間一久，也養成了習慣，讓這好的習慣帶領你通往直銷事業的頂峰。

PART3　野心‧三
要大器

　　在你創建自己的直銷團隊初期，有些費用能省則省，這我絕對同意，但有一些免費的人情你千萬要小心處理。

　　一開始你會遇到周遭許多親友，因為想要幫你而做出選擇，甚至是幫你賣出貨品，他們都是出自一片好意。小至介紹人脈或幫你宣傳，大至協助你銷售產品，就算對方真的是想幫你，分文不收，但還是請記得給他們一個小小的紅包，金額多少不是重點，就算對方打死不收，最起碼也要請吃頓飯，做為回謝禮，這樣才比較不失禮。

　　為何要這樣呢？因為有句順口溜是這樣說的：「心

存大器，才有福氣。」

　　態度決定高度，要學會對自己說，人貴在大器，這樣才有機會為自己爭氣。不論是在職場、學校或是自己的朋友圈，一定會有和自己意見相左、理念不合的人。而每個人因為觀念不同，看法和立場不一樣，看待事情的角度也會不一樣，所以不需要去多做無謂的解釋。

　　但人是有心的，心如果亂，一切就會亂。理解的人，不需多做解釋；不理解的人，不用去解釋。因為日久不一定生情，但一定可以見人心。真正瞭解你的人，絕對不會因為那些空穴來風的無謂之事否定你，所以要學著培養自己的大器。

　　大器不是一種性格，而是一種人格魅力。我個人對大器的看法是一個人的氣質、氣度，內心世界所外顯的表現，綜合所有素質對外散發的一種無形力量。

　　大器並不是天生的，能夠談吐大方得體，生活態度

平和處世自然、不懈怠，不該出手的時候冷靜旁觀，但需要出手的時候總能讓人眼睛為之一亮。這些所謂大器的行為，是從生活經驗中慢慢培養出來的，這些行為是自然流露的，裝不出來的。**一個大器的人，總能以超然的角度去看待事件本身，以宏觀的視野看到事件的另一個層面。**

一個大器的人就像一本好書，讀來讓人蕩氣迴腸、不輕不浮，無論從何種角度去看，都不會感覺索然無味，一旦讀起來讓人愛不釋手、受益匪淺。大器的人因為自己的涵養充實，所以也無需和淺薄的人比較，不和他人一般見識。也因為如此，大器也可以說是一種淡泊，清楚明白自己追尋的方向，金錢和名利終究是過往雲煙，無需汲汲營營，心中自有定見。

半瓶水會響叮噹，而成熟飽滿的稻穀只會更低垂。三人行中必有我師，所以不要輕易輕視任何人。

　　大器是一種謙虛，讓人感覺敬重而不是敬畏。不崇拜任何人，卻樂於多學習別人的長處。站在一定的高度，卻從不讓人感覺自己高傲，更能贏得他人的刮目相看。能夠對朋友忠誠，是一種信任；做到對父母孝順，是一種感恩。也許做不到改變整個世界，但內心永遠不要有「放棄」的想法。開展自己的視野，能跳多高就跳多高，能走多遠就走多遠！

　　大器是一種修養，更是一種財富。它和你的身體結合在一起，誰也拿不去，爆發出來卻能讓人嘆為觀止。

　　大器的人看待遠景，小器的人在意雞毛蒜皮的小事，所以若要當個大器的人，請先放棄在意雞毛蒜皮小事的壞習慣。也許你會說小事不注意，難有大成就，但雞毛蒜皮的小事，是指不在目標上的事。

　　有積極心態的人，不會把時間精力花在偏離主要目標和重要事項的小事上。如果一個人對一件毫無舉足輕

重的小事情，作出小題大作的反應，這種就是不應該發生的。

瑞典之前與波蘭的戰爭，原因竟是瑞典國王發現在一份官方文書中，他的名字後面只有兩個附加的頭銜，而波蘭國王的名字後面卻有三個附加頭銜；英法大戰的起因，竟是有人不小心把玻璃杯裡的水，濺在托萊侯爵頭上；一個小男孩向格魯伊斯公爵扔擲鵝卵石，導致瓦西大屠殺和三十年的戰爭。

這些都是一些雞毛蒜皮的小事，雖然現在我們每個人不大可能因為一點小事而發動戰爭，但我們肯定能因為小事而使自己周圍的人不愉快。要記住，一個人為多大的事情而發怒，他的心胸就有多大。

最後我還要談一種精神，一種奉獻的精神，這也是培養大器的一種方式。

拿破崙・希爾曾講過關於一個名叫沙都遜達・辛格

的故事。有一天，辛格和一個旅伴穿越高高的喜馬拉雅山脈的某個山口，他們看到雪地上躺著一個人，辛格想停下來幫助那個人，但他的同伴說：「如果我們帶他一同上路，那他就會變成我們的累贅，我們可能會因此丟掉自己的性命。」

但辛格不想丟下這個人，讓他死在冰天雪地之中。當他的旅伴跟他告別，留下他與那個受傷的人時，辛格把那個人抱起來，放在自己背上。他使勁著氣力背著那個人往前走。沒想到辛格的體溫使這個凍僵的身軀溫暖起來，那個人活過來了。過了不久，兩個人並肩前進。當他們趕上那個旅伴時，卻發現他之前的旅伴死了，是凍死的。

在這個故事中，辛格奉獻自己的氣力，即便他有可能因此而喪失生命，但他卻把自己的一切，包括生命，給予另外一個人，使他保存了生命。而他那無情的旅伴

只顧著自己，最後卻丟了性命。

　　要展現大器不容易，尤其是當有利益關係或攸關生死時。直銷的魅力是倍增，利益關係的架構在上、下屬之間，若只追求自己的利益，而忽略了下屬的生存空間，組織不會倍增。下屬有了生存的空間，可能壓縮了你自己的利益，但當組織開始倍增時，屆時收入將會成倍數成長，可能是你想也想不到的。

PART3 野心・四
要有所為，範疇明確

有道是：「君子有所為，有所不為。」這句話的意思是君子有所作為，但須不違背仁義道德，不能昧著良心做事，要有足夠的智慧選擇是與非、做與不做。有所不為者，非不分青紅皂白，只是愚昧地幫助他人，卻無法辨別事情的真偽。意即大丈夫應該有果斷的機智與靈敏的反應，要懂得取捨，是非分明。

日本最高行政機構內閣府委託「經濟產業研究所」，根據一九八四年以來，各上市公司的獲利率、獲利成長率、權益比率等經營指標，篩選出約三十家經歷泡沫經濟卻沒被打倒的優秀企業，做了一份研究報告，正好可以說明有所為且範疇明確的狀態。這些企業有一些共通

的特質，正說明了事業範疇明確、經營策略獨特的贏家特質，讓你瞭解為何有所為與範疇明確很重要。

♠ 共同特質：事業範疇明確

事業範疇明確就是要「知道自己的優缺點，知道什麼該做，什麼不該做」，簡單地說，就是要明白企業的核心競爭力。如果企業員工無法簡潔明快的說明企業經營內容，就是經營焦點模糊的警訊。在競爭激烈、資源有限、注意力寶貴的環境下，有必要慎選事業，摒除非核心。

例如，占全球直流小馬達５０％以上市場的Mabuchi 公司，婉拒德國百靈刮鬍刀的優渥條件，不為百靈代工生產無芯馬達，因為他們堅持「只做鐵芯馬達」。某種程度的專一經營，不但可以使企業內部的溝

通更為容易，在技術與產品上也將產生所謂的綜效性。有所為，有所不為，堅持企業的核心競爭力，是優秀企業的堅持與睿智。

♠ 共同特質：在企業文化中植入危機感

另外一項讓企業能渡過不景氣的特質，是優秀企業以近乎神經質的危機感鼓舞員工，讓企業員工有危機意識，才能化危機為轉機，開創新局。

被挑選為研究案例企業之一的大和運輸公司，在二次大戰後，未能及時搭上長距離貨運的列車，喪失競爭先機。在強大的競爭壓力下，公司幾乎倒閉，卻在危機中轉而開發了宅配貨運市場，宅急便的業務使他們成為業界佼佼者。

♠ 共同特質：有自己獨特的經營策略

許多公司常認為模仿成功者準沒錯，這也是日本企業大量導入美式經營策略的原因。不過調查中有一項出忽意料的發現，是否導入美式經營策略與企業的成功與否並無絕對關係；但未考量國情與文化差異，反而是導致失敗的結果。

報告中還指出，優秀企業不會無條件模仿成功者的策略，或接受眾人認為理所當然的常識，反而會仔細評估企業本身的自我條件，並考量適用性。

♠ 共同特質：可長可久的企業文化

最後，這些企業都擁有持久而又規律的企業文化。

「誠實而認真的經營、不急就章胡亂拓展事業主

體、深思熟慮而又具有熱情的企業」，就是這份報告對優秀企業的企業文化所下的具體描述。

景氣繁榮時抓住機會，企業就有可能成功，但是要在不景氣時勇度低潮，企業內部要有健全的體質，以及正確的經營策略。

也許你看完還是不能完全理解，我用最簡單的方式來說明野心與有所為的關聯，你就能知道我為什麼要用這個研究報告來舉例了。

上述報告中的研究對象企業，都是有野心想要度過難關的企業體，正確來說，所有企業都想在不景氣中安然度過，但這些企業不只安然度過，還在這不景氣中，成為行業中的佼佼者。原因很簡單，就是他們有野心，但不濫用野心。因為他們有所為，有所不為。

PART 4

進取
Advance

孟子云：「狂簡進取，不忘其初。」奮發向上，求取進步。如：「樂觀進取」。

進取是指不滿足於現狀，堅持不懈追求新的目標，而產生蓬勃向上的一種心理狀態。

人類如果沒有進取心，社會就會永遠停留在一個水平上，正如魯迅先生所說：「不滿是向上的車輪。」社會之所以能夠不斷發展進步，一個重要推動力量，就是我們擁有這支「向上的車輪」，即我們常說的進取之心。

具有進取心的人，渴望有所建樹，爭取更大、更好的發展與未來；為自己設定較高的工作目標，勇於迎接挑戰，要求自己的工作成績比任何人出色，甚至超越自我。

具有進取心的人，同樣擁有強烈的好勝心，不甘落後，勇於向未知領域挑戰，以成功的事實證明自己的能力和才華。而且有旺盛的求知欲和強烈的好奇心，不斷

接受新事物的出現，重複學習，更新自己的知識，提高自己的個人能力。並且會根據組織、團隊的目標，去制定個人的發展目標，去努力奮鬥。

而沒有進取心的人，就沒有強烈的好勝心，對事業沒有追求成功的欲望；沒有強烈的求知欲與好奇心，對於新事物的興趣不高，沒有明確的個人目標，剛好跟有進取心的人相反。

進取心能夠讓人虛心求教，主動從多種管道吸收新知；能夠迅速提高業務素質，並成為骨幹；有好勝心，有必勝的決心，主動學習各方面的知識；並且在工作中爭強好勝，永遠為自己制訂較高的目標；不斷地追求完美，勇於接受挑戰，要求自己工作成績出色；對新事物有強烈的求知欲，並學以致用。

新加坡雖然是個小島國，但在東南亞一帶卻是經濟成長力相當驚人的國家。說到新加坡，很難不與李光耀

先生連結在一起。李光耀先生——新加坡國父，他過世時讓多數人為之懷念。尤其是新加坡人，總會談到他的豐功偉業。

李光耀先生還在擔任新加坡總理時，常常與他的夫人頻繁造訪臺灣。當時有一則新聞說，他到臺灣時總會買蜂蜜帶回新加坡。與他同行的人發現後好奇問他，他回答因為新加坡地處赤道，沒有冬天，所以蜜蜂不用製造蜂蜜來過寒冬。

過去我在看到這則新聞時，只是感受到新加坡的蜜蜂與臺灣不同，並不會產蜂蜜。但現在回過頭來看相同的一則新聞，我感受到成就高的人，看待事物的角度與一般人不同。

原來李光耀先生是指，當環境太優渥，動物昆蟲也會變得「好逸惡勞」，更何況是人類。因此李光耀先生一直在提醒新加坡人，要時時刻刻存有危機感，也要更

努力才能圖存，也因為這樣，才造就新加坡成為全球赤道附近少數高所得的國家。

我曾在臺東知本舉辦過教育訓練，順道到臺東的幾個知名景點走走。我記得第一次看到魚梯水道，是在臺東的池上，雖然多數人只記得池上的稻米很好吃，但令我印象深刻的魚梯水道，是為了讓魚能逆流回到上游產卵，由當地政府設制的一種特殊水道。

當時我蹲在魚梯水道旁，觀看水道裡的魚，奮勇逆流向上游時，我突然想到鯉魚躍龍門的畫面，要躍過龍門才能養育下一代。

《神鎗手》是我很喜歡的一部港產英雄槍戰片，這部片子是由任賢齊、黃曉明、陳冠希及林保怡四大性格男星主演。我整理出其中幾句還蠻有感覺的對話：

「狙擊手的槍是一個行動成功的決定因素，如果那把槍出了問題，失去了射擊的準確性，槍手瞄得再準也

沒用，所以最重要的是保護那把槍。」

「每一個警察都有槍，但是要有勇氣去朝犯人的頭部開槍，並不是每一個警察都能夠做得到的。」

「我是狙擊手，我敢開槍就證明我有信心能擊中目標。」

「人最大的敵人，不是別人，而是自己。」

人在一生的奮鬥當中，最難克服的敵人其實是自己的心。成功與失敗，雖然會受到外在因素的影響，然而，影響一生最大的，還是在於自己的心理因素。進取就是一種心理因素，這也是我為什麼要推廣「從心出發，從新開始」的原因。

東漢時有個叫孫敬的人，是當時有名的政治家。他年輕時勤奮好學，經常關起門來，獨自一人不停地讀書。每天從早到晚的讀書，常常讀到廢寢忘食。

不過當他疲倦不堪時，還是會想打瞌睡。他怕影響

自己的讀書學習效益，就想出一個特別的辦法。他將自己的頭髮用繩子綁起來，再把繩子綁在房梁上。當他讀書疲勞打盹時，頭一低，繩子就會拉住頭髮，這樣會把頭皮扯痛了 馬上就清醒了，然後他就再繼續讀書學習。

戰國時期，有個名叫蘇秦的人，也是出名的政治家。在年輕時，曾到好多地方做事，但由於學問不多不深，都不受到重視。回家後，家人也對他很冷淡，瞧不起他。這對他的刺激很大，所以他下定決心，發奮讀書。

他常常讀書到深夜，很疲倦，直想睡覺。他也想出了一個方法，準備一把錐子，只要一打瞌睡，就用錐子往自己的大腿上刺一下。這樣子，猛然間感到疼痛，使自己清醒起來，再堅持讀書。

這就是成語「懸梁刺股」的由來，也是典型要我們積極進取的激勵故事。

你是否也有不斷自我激勵要更進取的故事、畫面、

名言或一句話呢？我個人相當喜歡拿破崙‧希爾，他所寫的一首詩篇提醒著我要更進取，提醒我要用更積極的態度來面對自己的人生：

如果你心中想到失敗，你就失敗了。

如果你沒有必勝決心，絕無任何成就。

縱使你想要得到勝利，

只要浮現失敗的字眼，勝利便不會向你微笑。

如果你不認真行事，你就失敗了。

我們在大自然宇宙中發現，成功取決於人類的意識力，

一切皆由人類的精神狀態而決定。

如果你想到落後，你就落後了。

如果你想要晉升到最高地位，在勝利未到手之前，

必定要擁有我一定做得到的信念。

人生的戰果，並非強勢、快速就能得到，

所有獲得勝利的人，都是堅信「我一定做得到的人」。

　我之所以喜歡這首詩篇，是因為簡單幾句話就道出了一般人無法達到自己所設定成功的狀態。當出現負向的念頭，結果就得到負向的答案；當有念頭想法時，態度會展現，行為就出現。成功與人類的精神狀態有關，這也說明了孫敬、蘇秦兩人為何要懸梁、刺股。

　「進取」可以說是一種念頭，一種想法，一種想要向上提升、突破自己的原動力，所以我認為進取就像神槍手的那把槍，槍本身有問題，槍手瞄得再準，也打不中目標，所以最重要的，是保護那把槍，保護好你永遠有進取的心，因為它能夠讓你更積極、更準確的完成你所設定的目標。

PART4　進取・一
要有好勝心

處女座：天生追求完美，所以好勝心強。

天蠍座：非常喜歡跟別人比，所以好勝心強。

白羊座：性子急，凡事都要跑在前，所以好勝心強。

獅子座：愛面子，所以好勝心強。

摩羯座：需要別人肯定，所以好勝心強。

不論你是哪一種好勝心強，有好勝心是好事，只要不傷害別人，與人爭破頭；有好勝心可以幫助你更進取、更積極的行事。**所謂好勝心強是指，想要贏的欲望很強，會嚴格要求自己。**

在生活當中，我們的好勝心是好還是壞，取決於我們所設定的目標。對目標有益的，就是好的好勝心；對

目標有害的，就是壞的好勝心。

好勝心可以變成人的動力，無論是學習還是過日子，都存在著競爭，都需要好勝心，就怕該有的時候沒有，不該有的時候有。在對目標有益處的時候，失去了好勝心，對目標有害的時候，反倒有了。

好勝心的使用，完全取於利與害，這也是方向性的問題，看你自己要把好勝心用在什麼方面。如果有益，好勝心需要保留；如果有害，就需要去除。

有些人好勝心很強，常跟人逞凶鬥狠，一定要把人鬥倒，這種做法對別人、對自己都沒有意義。其實每個人都有好勝心，但要學會善用。學生念書需要好勝心，好勝心可以讓他把書念得更好。

有人說：「我不喜歡念書，我喜歡打架，我就是好勝，一定要把人家打趴了為止。」這種好勝，最終是傷人傷己。

所以好勝心要懂得運用，要善用。好勝心很容易培養，只要有競爭，就容易激起好勝心，只差好勝心能維持多久，所以我來談談如何運用好勝心。

♠ 對象人物應該是自己

所有的競爭，要取得勝利的關鍵在於實力。而要提高實力的關鍵，是超越自己。連自己都不能超越的人，是無法超越別人的。超越自我是超越別人的前提，超越別人只不過是超越自我的一種自然結果。

♠ 競爭的是事不是人

所謂「勝」，只是說在某一件事情上做得比別人好，如此而已，並不是說整個人都比別人好。語文不如你，

但數學可能比你好;功課不如你,但體育可能比你強;
繪畫不如你,但音樂可能比你好。也就是說,所謂勝負,
主要是對事而不對人的。

♠ 要勇敢接受事實

在競爭中,我們難免會遭到失敗,受到打擊。這時,
你必須要勇敢面對。失敗是事件結束後所呈現的結果事
實,既然是結果,我們就要去面對,因為失敗不代表沒
有下一次挑戰的機會,失敗應該只是檢驗自己的不足,
讓我們知道要從哪裡求得進步。

美國職籃ＮＢＡ是眾多籃球迷關注的聖地,其
中 Kobe 的新聞一直是球迷追逐的對象之一。除了關於
Kobe 在球場上的表現外,私底下的他好勝心有多強?相
信許多人應該都聽過一些相關故事。

　　ＮＢＡ資深記者凱文‧狄恩就寫了一篇文章來描述Kobe 超乎常人的好勝心，這也是他能帶領球隊常勝的原因，其中狄恩還記載了一段有趣的故事。

　　故事發生在感恩節，那天晚上 Kobe 在得知球隊由於正處客場之旅，並沒有安排節慶活動或聚餐後，他馬上爽快地自掏腰包請了全隊以及所有同行媒體，在飯店的宴會廳吃一頓感恩節大餐。

　　當時宴會廳裡有一張乒乓球桌，有些人吃飽喝足後，便拿起球拍開始飯後運動，其中湖人隊隨隊記者楚戴爾很快就展現出自己的長才，接連痛宰了多名湖人隊員，接著還向 Kobe 下了戰帖。

　　Kobe 當然答應了，但乒乓球明顯不是他的強項。

　　球技較出色的楚戴爾不斷攻擊 Kobe 不擅長的反手拍，並且頻頻得分，而 Kobe 則是在每次失分後開口咒罵。兩人的第一次對決結果，楚戴爾以大比分獲勝，正

當下一位挑戰者要上場時，Kobe 卻不打算就此作罷。

「不！我們再打一次！楚戴爾，去你的！」Kobe 沒好氣的說。

儘管 Kobe 在第二盤對決的表現大有進步，卻終究還是不敵楚戴爾。楚戴爾表示要贏 Kobe 真不是一件容易的事，而且還說自從這次的比賽之後，Kobe 每回看他的眼神幾乎就像是在說：「好吧！但不管是明天、明年、還是我死掉的那一天，我一定會贏回來。」

過了一個星期之後，楚戴爾得知一個讓他不太意外的消息：Kobe 訂製了一張奧運比賽規格的乒乓球桌，放在自己家裡。看樣子，「黑曼巴」真的很不喜歡輸的感覺。

運動員的好勝心，又被稱為「鬥魂」，好勝心越強的運動員，其表現越出色，哈佛小子林書豪也是如此。

PART4　進取・二
要有主動學習的心

　　教育培訓工作多年，近年來又透過協助他人在他們
的直銷事業體中培訓，「４Ａ人生」就是我一直在推廣
的培訓課程。

　　從表象上來看，「４Ａ人生」是一種觀念引導的課
程，是一種態度洗禮的訓練，看起來與直銷無關，那為
何我的這項培訓內容，會一直在各大直銷團隊中不斷被
擴大，不斷被運用呢？

　　其實答案有兩個：一個當然是效果，沒有效果就不
會一直被運用，也不會被擴大；另一個更重要的點，就
是我對直銷喜愛的熱忱，這股熱忱讓我更投入在想要把
事情做到最好，這股熱忱也讓我能把直銷語言融入到課

程內，用生活的角度來看待直銷，自然能受歡迎。

我有一個好朋友，年齡比我小，但直銷的經歷比我久，培訓與授課技巧都不比我差，在某些程度上，他可以算是我的老師，尤其是直銷的相關專業與培訓授課的小技巧。

我喜歡聽他授課，原因是他上課時，聽課的人很輕鬆、沒有負擔，因為他總是會將艱深難理解的定義，用很生活化的方式，與我們在生活中常碰到的狀態與學員分享。

我開始在直銷雜誌撰寫一系列的文章時，主標題架構「直銷即生活，生活即直銷」，便是他給予我的靈感與想法。

為何我突然會提到他？其實我還是要談進取。

他擔任專業培訓講師很多年，曾在企業內部當訓練的總舵手，也曾經從一個人開始，慢慢建構自己的直銷

團隊。他與我分享直銷的複製與培訓之間的關聯性,及一般培訓機構和所謂的專業講師,為何無法長效的將其課程內容,轉化成實際的直銷團隊績效原因與差異。

這分享讓我更積極要向上提升我的各方面狀態,尤其是教育培訓這個區塊。

我特別強調且注意這個區塊,是因為這個區塊是直銷事業發展中,耗費成本最高、但最無法量化評估的投資,卻是不能不做的一件事。我好朋友的分享,讓我更積極進取的向上、向前。

這也是我們「4A人生」培訓的推廣原始點。也讓所有想要在自己的直銷事業體中,關於複製培訓系統注入強而有力效果的人,一個可以參考的規畫價值。

直銷的培訓,應該要擁有哪些特質,才能有效地精準抓住團隊發展的整體需求,讓課程發揮最大效益,協助組織向上提升?

在此我簡單分享這些年的一些心得與想法：

♠ 保持熱情

若將直銷團隊比喻成一輛汽車，教育訓練就像是「定期保養」一樣，能讓個人與組織團隊隨時保持最佳狀態。負責培訓教育的人要常保熱情，因為熱情是從事講臺工作最大的原動力。

直銷談的是「**簡單的事情重複做，重複的事情快樂做。**」說起來簡單，但做起來難，尤其是要用快樂的心情重複做同一件事情最難。

我們常會看到站在講臺上的人，因為臺下聽眾沒反應而難有好表現，但我認為若臺上的人保有熱情，不論內容講過幾萬遍，一樣可以將你的分享感染給聽眾。

別在乎相同的話你講了幾萬次，要在乎這一次你是

否有讓臺下的人聽懂、做對。若缺少熱情，就算滿腹經綸，也只能算是完成任務，但絕不可能締造出好的訓練效果。

好的培訓師與講員，擁有熱情的態度，其重要性絕對不遜於任何的專業。缺乏了熱情，即便你有高學歷與高度專業，也不一定能將這些傳遞給團隊夥伴，就等同無法複製一樣。

♠ 累積實務經驗，找出訓練需求與重點

站在臺上與人分享，你必須對分享者傳遞經驗，而非理論。理論是經驗整理出的文字重點，經驗是實際行為的發生，經驗比較容易讓聽眾感同身受與對號入座。所以分享更多的經驗，能打動的人越多。

因此，你必須要有實際且真實的經驗，這樣你在培

訓教育上，才能更清楚問題所在，才有機會針對問題需求找到訓練重點與目標。

久而久之，你自然能針對不同的問題，整理出不同的培訓方式，也自然能規畫出屬於自己團隊的一整套教育訓練計畫。

我看過一些講臺魅力很強的講員，雖說不上有什麼培訓技巧，但確實有煽動力去影響臺下的人。我發現有一部分這樣的人，臺上講得很好，但實際組織表現卻差強人意，我認為這就是單純運用個人講臺魅力，卻無眾多實際操作經驗的結果。

實際的操作經驗，會反應在組織發展與市場效益上，但單純講臺魅力只會反應在教室內，若能將兩者結合，效果肯定更大。

♠ 強化自身的溝通協調技巧

有時培訓師或講員須扮演溝通者角色，不但要耐心傾聽對方需求，更要主動溝通。這兩種角色之間其實是有衝突的，因為培訓師或講員多數是輸出者，但溝通卻是輸入者，所以要如何拿捏，就變得分外重要。

尤其我們溝通的對象多數是自己的組織夥伴，我們期望他們能與我們有一致的想法，但又擔心他們無法接受時會有反效果，所以事前的溝通與事後的聆聽，就變得更重要了。

在溝通過程中，教育訓練者除需探詢組織需求外，還需判斷出訓練需求的可行性，不同的性別、年齡分布、立場與看法、期望需求，這些通通要考量進去，才能找出最適當的訓練方式。

我認為唯有耐心傾聽、耐心溝通並能提出解決方

法，才能創造雙贏，而不是一昧的強力輸出。唯有持續不斷地有效溝通、協調，才能在事前獲得多數人支援與肯定，在課程進行中才能達到事半功倍的效果。

　　以上簡單提供給各位有心想強化團隊培訓的人參考，讓你們更有明確可以追尋的方向，也幫你提升向上進取的心。

　　當你培訓別人時，自己更要有主動學習的心，當我們主動學習，並將這氛圍感染給組織內的所有人，這樣子，我們的培訓就能很輕鬆、很容易的達到每一次培訓的效果。

PART4 進取・三
有提升自我利用價值的心

　　《後宮甄嬛傳》雖已重播不知幾百遍了，但每一次我都還是會忍不住將視線停留在畫面上，期待著劇情中各位小主又會說出什麼發人省思的話語。

　　這一部以清代後宮各小主之間勾心鬥角為主軸的戲碼，讓許多人常將劇情中的現況借鏡到職場中使用。我覺得不只是職場上如此，人生中也是如此。人生中原本就面臨著無數的困難與挑戰，如果也能借鏡這些後宮佳麗，告訴我們應該如何在人生的旅途中應對，或是運用在直銷事業發展的路程上，也不枉費我們花這麼多的時間追劇了。

　　就讓我來分享劇中某些名言與戲碼，並且對應我們

的生活吧！

甄嬛說：「在這後宮中想要升，就必須猜得中皇上的心思。若想要活，就要猜得中其他女人的心思。」

意思是說，要瞭解別人的想法，別自己悶著頭做。組織既然叫組織，就不是一個人，而是兩個人以上，就請你試著瞭解別人的想法。

浣碧（甄嬛的侍女）：「在這宮裡，有利用價值的人才能活下去，好好做一個可利用的人，安於被利用，才能利用別人。」

人與人之間本來就是相互利用，因為每個人都有其不足點，也都有其長處，利用別人的長處，補足自己的缺失，這樣的團隊才能完美。

說到被利用，總是會讓人有種不舒服的感覺，不過有利用價值表示自己還是有能力。與其花時間抗衡，還不如先學甄嬛剛入宮時先低調做人，觀察好風向球累積

自己的能力與聲量，之後再一舉進行反攻，反而會更有效果。

能被利用，代表我們還有價值；若無法被利用，就等於被拔掉貴妃頭銜的華妃，等著被打入冷宮。更何況組織團隊與事業都是自己的，為自己的事業所利用，本就是應該的。

說到利用價值，正確來說應該是自身的競爭力。當你自身的競爭力強時，自然被利用價值就高，找你幫忙的人就多。當你能解決的問題越多、越大，你的組織團隊就變得越大，事業發展就越快。所以我想談談競爭力的問題。

「性格天注定。」是我們常從老一輩人口中聽到的話，但有一些社會應對進退技巧或人格特質，的確是可以被後天塑造出來的。

我因為工作的關係，經常往來兩岸三地，發現彼此

雖然同文同種，但由於過去分隔的數十年，讓我們的上一代或是我們這一代，有著比中國大陸較優沃的生活模式。然而隨著時間與經濟的開放，這些年來，對岸多是年輕的企業家與年輕的創業者，而且年齡之小，是我想也想不到的。

最近因為推廣「４Ａ人生」的培訓教育，常到對岸授課，我發現他們學員的態度、想法、年齡、思維、上課情緒與認真，都是臺灣比不上的。

每每與我身邊的朋友聊到這些時，若聽到朋友的反應冷淡，我總是替他們與下一代擔心，因為環境真的會塑造出不同的人來。

接下來的二、三十年，我們的下一代到底要跟誰競爭？跟多少人競爭？我個人很慎重地在思考這個問題，但各位你想過沒有？

其實早期的中國員工相當糟糕，幾乎完全沒有主動

積極進取的精神，我看了很多公司、工廠，只讓我看到一個人會自己動腦筋想解決方案，那個人就是臺灣過去的員工，臺幹才會有段時間成為優勢所在。但是這能維持多久呢？

電影《侏儸紀公園》中有一句經典對白：「生命自會尋找出路！」

只要我們腦袋裡確實有料，其實企業老闆是不太看學歷的，有朝一日他必會回饋相當的報酬給你；但如果你總是讓老闆覺得不放心，他還是會毅然下決心請你走路的。

如果你每天只被老闆利用一個小時，但是他若沒有你這一個小時的幫忙就會賺不到錢，而且又找不到替代方案的話，那麼你這一個小時就會相當值錢。

反之，如果你的被利用價值相當低，隨便找一個人或一套硬體設備就可以取代你，那麼就算你每天花了

十幾個小時工作，累得跟狗一樣，不管你職務或學歷再高，老闆還是會隨時請你走路的，因為你沒有被利用的價值。

你的被利用價值在哪裡？有多少？能持續產生新的價值嗎？跟得上時代脈動嗎？ 我想這才是最重要的，其他的，我認為都不是重點。

彼得·杜拉克有一句名言：「**沒有人是不可取代的。（No one is indispensable.）」創造自己被利用的價值，才是最真實的**。這雖然聽來很現實，但在商場上就是如此，對應到人生更是如此。

我們用職場上的現況來談，當一個人在職場上工作了一段時間，步入中年時，在社會上有了點基礎，要放下身段重新學習，重新來過並不太容易。無論學習速度及吸收能力，都無法與年輕人相比，如果要變換生涯、轉換職業恐非易事。

從另一個角度看來，中年人還得克服自我恐懼，擔心自己跟不上年輕人，越急越害怕，越害怕就越容易產生恐懼感。

我認為在職場上，把工作做好、提高績效，是求生最基本的法則。多數的公司即使要裁員，也是裁撤那些工作績效不好的；當你的工作績效好，就不必擔心被取代，同時公司也會賞識你，這就是創造你自己被利用的價值。

我常碰到職場中生代的人來上我的課，這群人雖然記憶力較弱，行動力較減緩，但理解力強，經驗較豐富，人生歷練也較多。假使能善用自己較強的部分，成為被利用的價值，其實根本不用擔心被取代。

我常用這個故事與有相同煩惱的人分享：

有一個老師傅，在一家工廠工作了二十年，負責機器維修，由於年齡還不到五十歲，他還不想退休，但老

闆常覺得他總是沒事做，因為機器幾乎都不會壞，加上老闆覺得老師傅的薪資過高，決定請他回家休息。

　　當這位老師傅離開前，他去謝謝老闆這二十年來的照顧，也告訴老闆，將來若有需要他幫忙的地方，他一定會回來幫忙。

　　老師傅離開後，老闆只用一半的薪資，請了一個年輕的師傅來照顧那部機器。一段時間過去，機器不知怎麼了，突然不運轉，年輕師傅怎樣都修不好，老闆想起老師傅說可以找他幫忙，便打電話給老師傅，請他過來協助。

　　老師傅來到機器前面，他從機器頭走到機器尾，來回看了一遍後，請年輕師傅給他一枝筆。老師傅拿起筆在機器的某個位置上畫了個 X 後，對年輕師傅說把這地方的螺絲換掉就好了。年輕師傅照辦後，果真機器開始運轉了，老闆走過去謝謝老師傅的幫忙，回問要給他多

少錢，老師傅笑答：「沒關係，我再把帳單寄給你。」話畢就離開了。

幾天後，老闆收到帳單，看了上面的數字很生氣，因為這幾乎是那老師傅以前一年的薪資。老闆收起情緒回信給老師傅，上面寫著：「我看到了帳單，只有寫著金額五十萬元，可否給我明細？因為我想知道這金額是如何加出來的。」

又過幾天，老闆收到了老師傅的回信與帳單明細，上面寫著：

交通費：友情價——免費；

耗費時間：友情價——免費；

筆：你們的——免費；

知道把筆畫在哪裡：五十萬。

這個社會本身是不會遺棄中年人的，除非是自己先遺棄社會。要跟得上社會的腳步，踩在社會的脈動上，除了不要過度擔憂自己被年輕人取代，換個心態，讓年輕人成長也是中年人的責任，不如放寬心，培養下一個世代。

以我來說，就是最好的見證，我從大陸回到臺灣時也是中年人。工作不好找，也沒人要，還好我接觸了直銷，直銷並沒因為我的年齡拋棄我，反而接納了我。

我也運用過去的經驗，才能開創人生事業的新頁。相信我能，你也能，別放棄自己，你是有利用價值的。

說到直銷，因為沒有公司型態的組成與關係，要成為有利用價值的人，才能越快發展自己的事業與團隊。

但在團隊中要如何提升自我價值呢？簡單與大家分享我的經驗。

一、善用過往經驗，提供組織快樂又良性的氣氛；

二、隨時站在團隊的角度與立場，幫人解決問題；

三、不斷自我學習，自我成長，並與他人分享；

四、多和別人溝通，成為團隊的一份子。

　　若你能做到上述幾點，對團隊或組織有貢獻，自然就會變成團隊中的資產，你的地位與事業將無法被取代。

PART4　進取・四
要有協助他人成就的心

　　我記得小時候常做一道數學題目：有一項工程，由甲單獨去做，五天可完成；乙單獨去做，四天可完成；丙單獨去做，三天可完成。今甲、乙、丙三人去做，請問幾天可完成？

　　這道題目給我們一個的重要啟示，就是相互合作的可貴，與團隊精神的效率。

　　一個人無論想要爬到什麼樣的位階上，或者想擁有什麼令人稱羨的成就，單靠自己的力量，畢竟有限。所謂團結力量大，團隊裡的集體智慧，當然會比一個人赤手空拳來得強。

　　人生是如此，直銷事業更是如此。

在直銷語言中有句話叫「借力」，說的就是團隊的力量。我們如果只單憑自己的能力，是無法高飛翱翔的。每個人都需要別人的幫助，成就才能更大。

沒有人願意成為一座孤島！

當你不願意分享、幫助、成就別人的時候，你就會慢慢的變成一座孤島。

當你的人緣很好時，被眾人接受的程度就越高，內心自然也就會有一種安全感，反之亦然。

人際關係好不好，可能是影響一個人成功與否的關鍵，雖然這並不是唯一的關鍵，但是如果你總是一個人，生命難免會感到孤單與寂寞。所以，我們要常去尋找朋友，建立人際關係，因為，我們希望在人際關係裡，尋找成就感和安全感。

安全感是每一個人天生的基本需求，而成就感則是欲望的追求，這兩樣東西是成就他人的動力與來源。

　　你認為要達到怎樣的境界才算是一種成就呢？是人際關係良好、八面玲瓏的社交名人？世界排名第一的首富？年紀輕輕就拿到博士學位的資優生？把事業經營得很成功的大老闆？電影界呼風喚雨的超級巨星？文壇屹立不搖的暢銷書作家？還是叱吒風雲的體壇明星呢？

　　這些赫赫有名的大人物，如果身邊沒有一路支持、始終相依，並給予鼓勵與協助的合作夥伴或親朋好友，很可能就不能那麼順利到達成功的彼岸了。

　　我常在不知如何向前時，就打電話給我那位亦友亦師的朋友，與他聊聊，聽聽他的意見，即便他只是給我一句鼓勵的話，對我都是很有幫助的。

　　如果成就就是所謂的成功，那要有更大的成功，就需要別人的協助。在期待別人協助你之前，請你先懂得協助成就他人。

　　更何況你從事的是直銷事業，直銷事業要自己有大

成功，就更應該要先協助他人成功。當你協助越多人成功時，你的大成功就自然隨之而來。

成功需要的是天時、地利、人和，也就是說，一個人之所以會成功，除了時間要幫助他，環境也要幫助他，當然，更少不了眾人心悅誠服的幫忙。如此，他才能獲得成功，或者說是贏得較長遠的成功。

當一個人願意幫助別人成功，同時，也是在幫助自己獲得成功。

如果，你害怕別人成功，那麼，你也不可能成功。

如果，你嫉妒別人成功，那麼，你更不可能成功。

讚美別人、肯定別人並不會讓你變得不如人，相反的，如果你能看見別人的優點，就能學習別人的長處；能夠看見別人的好，就能讓自己變得更好；能夠看見別人的美麗，才能讓自己變得更美麗。能夠欣賞別人的成就、榮耀，是一種很美的心靈感動。

不會欣賞別人成就的人，內心不但沒有被感動，反而還會嫉妒別人的成就。當我們有嫉妒時，看到別人得到了榮耀，或是有了很好的成就，還會酸溜溜地說：「這有什麼了不起。」我覺得這種人最沒有出息。

　　自己做不到，又不肯為別人鼓掌的人，永遠都無法得到別人的認同。

　　如果能夠因為欣賞別人的成就，讚嘆別人的能力，看到別人的榮耀與成功，心裡就升起了有為者亦若是的感動，心想：「這個人真是了不起，能夠這般努力，完成這樣好的成果。」這就叫做「見賢思齊」。

　　當我們讚嘆別人的時候，同時也會希望自己能夠向他學習。當我們把值得感動的事或是感動的心情傳遞出去，這對本身所處的生活環境、對自己、對當事人，以及對周遭的事物來說，都是一種很正面的心靈氛圍。

　　孔子說：「不患人之不己知，患不知人也。」這句

話的意思是說，不必因為別人不知道你的本事而憂心，要憂心的是，你不知道別人的本事比你大。

瞭解他人的本事，足以激勵自己更加努力，並且精益求精，知道別人的長處以後，可敬為師友或邀為同事。

在組織中，心中無私，方能用人。**培植人才就像是在下棋一樣，只有智慧高超的人，才能下得一手好棋，而其中的關鍵就是——心中無私。**

哲學上有個很重要的觀念，叫「見識決定氣質」。

見識是指一個人的思想、視野及格局，就好比一個人的眼光，有的人只在方寸之間斤斤計較，所以他的成就必然有限。倘若一個人能用較寬廣的格局，不以現階段的成敗來論英雄，只爭千秋、不爭一時，那麼短暫的失敗和困頓，就成了他最佳的激勵元素。

眼光短窄之人，只看見眼前的繁華美景，卻不知鏡

花水月不可憑恃，若能把格局放大、眼光看遠，即使是一時的不如意，有了心理上的因應和準備，反而是造就日後成功的本錢。

有人說：「一個人的成就高低，與其思想格局成正比。」然而，什麼才是思想的真正高度？而成就的最終依據，又是什麼呢？

一個人之所以能夠成功，或者有所成就，和他的思想深度有著密切的關係，因為要有正確的觀念，才能有正確的行為。

成就別人，也能造就自己；造就自己，也要懂得分享給別人。

一位成功的企業家，若想讓事業永續經營，他需要的是一群素質精良的員工；名揚國際的影視巨星之所以能夠誕生，是因為有一組絕佳的幕後工作人員，在背後全心全意無私的付出；而暢銷作家的幕後推手，則是

由一群優秀的編輯及無數工作人員耗盡腦力與心血的代價。

　　一部電影之所以成功，不應只歸功於導演或是男、女主角；燈光師、攝影師、化妝師、場記、配角都是這部電影成功的關鍵。只是，媒體鎂光燈的焦點，永遠都只對準了幕前風光、亮麗的主角，卻忘記了幕後辛苦的工作人員。

　　每個人都有自己的天賦與資質，有的人適合在幕前發光，有的人則適合在幕後發展；有的人適合坐轎，有的人則適合抬轎。

　　不管你是坐轎還是抬轎的人，在幕前就要努力展現臺前的美麗；而在後臺，也要更努力地，讓別人能夠散發出動人的光采。

　　如果你沒有足夠的能量，就無法承載別人的成功；如果你沒有足夠的度量，也無法造就別人的成功。當

然，也就無法讓自己更成功。

美國散文作家愛默生說：「**人生最美好的一項補償，就是凡事誠心誠意的幫助他人，最終自己也一定會受益。**」

讓自己獲得好處的最佳方法，就是將好處施與別人。所以，你想要獲得好的成就、好的因緣，就是要佈施、要服務、要幫助別人。

分享與回饋，就如同在黑暗中點燃一支小小的蠟燭，它能像太陽光一樣照亮黑暗，讓黑暗中的人得到光明與溫暖，同時，也能讓自己得到溫暖與亮光。

有句英文這麼說：「I made it because of you.」

一個有成就的人，往往不是憑著個人的努力就可以達到自己的理想境地，有時候，還要適時地遇上貴人的幫助，這也是很重要的。

當一個人平時養成不居功的習慣，願意將自己的成

就與別人分享,那麼,你的成就也會因為和別人分享的緣故,而變得更加耀眼。

你要常常對別人說:「因為有了你,我才能更成功。」

不必害怕別人太成功,如果別人因你而成功,也毋須把榮耀都歸於自己。

當你造就別人成功的同時,榮耀自然也不會忘記你。

很多新手直銷領導人也相同,在自己小有團隊時,以為自己有了小成就,就忽略了要學習經營與管理組織的經驗,也忽略了要更加協助成就他人快速成功的功課,而讓自己落入短暫快樂就打回原型的狀態。

我喜歡一首英文歌 < ONE DAY >,旋律搭配上美國救生衣協會的宣傳影片,如果你看過那段宣傳影片,就會更理解我說的,當你協助別人時,最終別人也會協

助你。

看過《讓愛傳出去》這部電影嗎？不妨花點時間看看，你會知道協助他人成就的力量，對自己是多麼有幫助。

我的４Ａ人生培訓教育訓練，談的是三個狀態、兩個重點與一個信念。

三個狀態，是指**出發點、行動與結果**。想要有好結果，就看到底做了什麼事？用什麼態度去做？

兩個重點，是指**出發點的「心」，及行動的「新」**。

至於那個信念，就是「**從心出發，從新開始**」。

這本書我與大家分享了出發點的四個Ａ：態度、積極、野心、進取，還有四個Ａ，期待短時間內能與大家相見。

直銷事業要做得好其實很容易，但是要持久就要用力。我把直銷事業當做志業在經營，現在更昇華成「自

業」，如果你想更瞭解，歡迎來課程上與我們一同探討

與研究，希望你也能讓自己的自業發展得很順暢。

未完待續……

結語

擁有４Ａ人生，
幸福不幸福？

　　我曾在課程結束後，被問到一個我不知道如何回答，嗯！正確來說應該是不知道要不要回答正確答案的問題，這個問題就是：「我若真的按照４Ａ人生訓練所提點的去執行，改正了個人的問題，讓我擁有了４Ａ人生，就會很幸福嗎？」

　　這個問題我曾經在「不知該不該回答」與「要不要正確回應」中拉距、書寫，至此，我想與各位朋友分享我真正的想法，或許你看完後，有可能不能接受我的答案與回應，但這卻是我內心深處最真實的聲音。

　　如果你現在再問我一次，我會這樣回應你：「不一

定！那要看你對幸福的定義與要求。」

我在這本書一開始就提過了，幸福不幸福其實很簡單，它只是一種想法，一種來自自己內心深處的滿足感受，一種想與某人或某一群人一起分享的滿足想法。它可以簡單到可能只是與某人吃一頓飯或看場電影，但也可能是與某人共同完成一件很困難的事。

也許你會說，假若所謂的某人是自己的親人，那麼跟他一起吃一頓飯或看一場電影，這一點都不難，為何要花時間去做 4 Ａ 人生的培訓，或是要依照書中的說明去辛苦的調整自己呢？

我必須這樣告訴你，在這世上，有很多人連這一點小小的幸福追求，對他們來說都是很困難的。像這樣的人，你知道在這世界上有多少嗎？

清華大學賴建誠教授曾在報紙上發表一篇文章，題目是「人生的三個願望」，文章內容是：

　　我兒子讀國小二年級時，老師給了一項作業，要他們當小記者訪問爸爸。共有六個問題，有一大半是資料性的：在哪裡工作？負責哪一方面的事等等，其中第五題是：「爸爸的夢想是什麼？怎麼實現？」

　　我說：「我有三個願望。」兒子寫下這句話，然後抬頭看著我。

　　「第一個願望是吃得下飯。」他愣了一下，認為我在開玩笑，很鄭重地表示這項作業的分數，是其他作業成績的三倍，所以不能隨便寫。

　　我說：「你是記者，人家怎麼說你就怎麼寫，既然不相信就不要訪問好了。」

　　他只好無奈地寫下：「爸爸的第一個願望是吃得下飯。」

　　「第二個願望是睡得著覺。」

　　他這下著急了：「別人的願望都是要當科學家或是

做重要的事情，你的願望連小孩子都會，你是不是想害我被老師處罰？」

我又重複先前的說法：「不相信就不要訪問。」

他急得跑去廚房向媽媽哭訴。她也同意記者就是記錄者，不能要求受訪問者如何回答。兒子擦乾眼淚寫完這句之後，抬起頭失望地看著我。

「第三個願望是笑得出來。」

這下子他失去控制了，「別人的父母都是在幫助子女，只有你才會存心害自己的小孩。」

「要不然你照我的話寫完之後，再寫一篇〈我眼中的爸爸〉附在後面，讓老師瞭解這不是你隨便寫的，而是你爸爸的本性就是如此。」

他覺得有道理，憤恨之下很快地寫了一篇沒分段的作文，我除了幫他改正錯別字之外，照抄如下：「我每次有重要的問題要問我爸爸的時候，他都想騙我，可

是我跟他說這是很重要的問題，他還是繼續開玩笑。所以我爸爸做什麼事都是隨隨便便的，每次一回家，鞋子也不脫就看電視，而且都看摔角、相撲，都是一些無聊的電視。所以這個爸爸還要嗎？雖然他有很多缺點，但是他還是很疼我！我爸爸很奇怪，一下子罵人，一下子又對你好。可能我是他兒子吧！也可能是他腦筋有問題吧！老師，妳覺得呢？」

第二天我問他：「老師怎麼說？」

他有點不好意思：「老師上課時叫我到前面，說我的訪問和作文寫得非常好，給我９８分，是全班最高的，比班上模範生還高，還把我的作文唸給全班聽。」

「那她有沒有說為什麼？」

「她說她先生的工作最近不太順利，已經有好幾天睡不著覺，也只吃得下一點東西。你爸爸的三個願望很有意思。」

「那你現在瞭解我不會害自己的兒子了吧？」

他點點頭，可是還不能明白為什麼老師把〈我眼中的爸爸〉拿去參加作文比賽，得到入選獎，這對功課平平的他，是一大驚奇。

我希望他在人生的旅程中，能比我晚許久才體會到：「要實現這三個願望還真不太容易。」

看到這，你是否還與賴教授的小孩一樣，認為這樣簡單的夢想真的很容易取得？賴教授多年後回憶當時的心情與比對現在的狀態，他說，這三個願望一樣沒有改變，現在一星期能有三分之一的時間符合這三個願望的狀態他就很滿足了。說起他的那個小孩，現在已經是大人了，但對賴教授而言，他不期望他兒子現在就能理解這三個願望，只希望留給兒子在未來下半輩子慢慢去思索品味。

完成夢想是幸福的，不論這夢想多大或多簡單，重

要的是能不能完成。

「吃得下飯，睡得著覺，笑得出來」這雖然只是很平凡的十二個字，但人的一生到老時，有幾個人能完全照這十二個字來生活呢？

４Ａ人生的培訓與這一本書，都只是啟動夢想與實現夢想的開端，真正要完成夢想，還是要真的去做、去執行。４Ａ人生的培訓分為兩部分，第一個部分就是現在你看到的態度、積極、野心、進取，這個部分屬於出發點（Being）；第二個部分是屬於行為（Doing），能力、任何方式、行動、確實，也就是行為篇。

「從心出發、從新開始」這兩句話，就是這兩個部分的簡介，心為開端，行為是開始，當心調整為正確且正常的狀態，行為的做法自然快又有效率。這樣來說，能不能幸福，就可以很容易看得出來了，除非你要的幸福很大、很遠。

按照影響程度的不同，影響幸福的因素有直接影響和間接影響兩種。

影響我們幸福的直接因素是健康。我們的身體是精神的載體，沒有身體，精神就無法存在，也就無從談幸福不幸福。所以，能夠促進心情愉快的不是財富，而是健康，唯有健康的身體，才能綻放幸福的花朵。人的幸福基於精神，精神又與健康息息相關。

一般來說，一個人有了健康就能快樂，失去健康就失去快樂。即使性格活潑開朗的人，也會因健康的喪失而顯得黯然失色。這種健康帶來的幸福，我們可以從喜愛戶外生活的人們臉上愉快的表情找到。

一個病魔纏身的國王，遠遠比不上一個健康的乞丐幸福。健康的乞丐，精神自由，無拘無束，一天到晚逍遙自在，精神上比有病的國王幸福得多。這也是我們在課程中不斷對學員說明要重視健康問題的原因。

　但是，健康的人不一定就會幸福。我們常看到身邊不少身體健康的人，卻整天愁眉苦臉的，那是財富、名譽等外在間接影響因素作用所產生的影響。

　而影響我們幸福的間接因素，主要有財富、名譽和地位等。

　先談財富對幸福的影響。在市場經濟高度發達的今天，錢幾乎成了財富的代名詞，在物慾橫流的今天，錢幾乎什麼事情都可以辦到。錢可以改善生活狀況，帶來種種物質和精神享受；錢可以支配別人為你服務，當今社會幾乎成了無所不能的東西。

　那麼，錢能給人帶來幸福嗎？我認為在某種程度上來說是可以的，因為錢能夠改善人們的生活狀況，給人提供種種享受。但是人對金錢的要求是永無止境的，滿足只是暫時的。我們沒有見到哪個企業家停止過對財富的追求，沒有人會問比爾‧蓋茲還賺錢幹什麼，也沒有

人會問李嘉誠什麼時候停止掙錢。

聚集財富就像喝海水一樣，越喝越渴，永不滿足。我們很難畫分出錢給人帶來幸福的程度，但我覺得，當一個人的財富超過了滿足自身和養育後代需要，再多可能就不是好事了。錢多可能招災惹禍，可能使人走向墮落，可能使下一代不思進取。有句話說，富不過三代，這似乎是一個規律。所以，錢給人帶來幸福是有條件的、是暫時的，因而是靠不住的。

再來談一下名譽和地位對幸福的影響。什麼是名譽？名譽是他人對我們自己的看法。一般來說，別人怎麼看你並不重要，別人怎麼看是不會對你怎麼樣的，但人們常常因為虛榮心與在意，經常對別人的看法很重視，因而，名譽對人的幸福還是有影響的，只是它的影響是透過個人人格特質所引起的作用，影響的程度也會因人而異。

　　有些人可能對別人的看法不當一回事，我行我素；有的人則對他人對自己的看法十分在意，別人說了點什麼，他總是記在心上。按理說，別人對自己的看法不應當影響自己的幸福，除非他們有什麼行動，否則應當不予理睬，不要讓其影響到你的幸福。簡單說，名譽對人們幸福的影響是有限的，除非你真的很在意別人說的話。

　　我們再來看地位對幸福的影響。中國人自古對功名地位就看得很重。地位在古代說穿了就是「官位」。但以現代來說，就是指別人認為我們所身處的位置，而這些不同的位置，或是高位階真能夠給人帶來幸福嗎？不容置疑，身處的位置越高，越會受到別人得尊崇，即便與官職毫無關聯，別人也會對你敬畏三分。

　　試想這些人幸福嗎？我個人並不真的這樣以為，位置越高的人，絕不會像我們一樣自在的生活，他們每

天有大量的應酬，在某種意義來說，時間並不屬於自己的，行動日程往往不是自己說了算。尤其是當官的人，越是官位高，這種現象越是突出。某種程度來說，他們是沒有幸福可言的，除非他所追尋的幸福，就是這樣的生活。因此，我並不認為地位會帶給人幸福。

財富、地位、名譽等，之所以不是幸福的原因，是因為人才是幸福的主體，幸福只是人的一種感受，而且幸福是要有某人或某群人一同分享的事與感受；而財富、地位、名譽等是主體的對象，是身外之物，生帶不來，死帶不走，它只能間接的影響。

至於人是否被影響或怎樣受影響，那是因人而異的。所以，財富、地位、名譽等外在的東西不是人們幸福的原因，真正的幸福是源於健康的人格，源於健康的身心。

從前，有一個砍柴的窮小子，但他很快樂，天天唱

歌。他的鄰居住著一個富翁，家財萬貫、三妻四妾，可富翁就是整天愁眉不展。他對窮小子為什麼這麼快樂十分的不理解，也很忌妒這個窮小子。

有一次富翁問妻子，那個窮小子為啥這麼高興？妻子知道丈夫的心事，回答說：「就快不高興了。」

他妻子還真是神，才說完不過幾天，窮小子就再也不唱歌了。富翁問妻子：「你怎麼會知道？」他的妻子說：「一個金元寶。」

原來，富翁的妻子在窮小子屋裡偷偷放了一個金元寶，窮小子看到元寶又驚又喜，發現沒人看見就藏了起來。之後，窮小子每天心裡不安，怕有人來找元寶，又擔心弄丟，每天換地方藏。窮小子整天為元寶擔驚受怕，再也快樂不起來了。

人的一生中有順境與逆境，每個人都希望能永遠處於順境，但人生不如意事十之八九，世事無法如你所

願。大多數人在遇到不順遂的事情時，總是會感嘆：「為
什麼遇到不到貴人？」、「為什麼沒有貴人幫忙呢？如
果有的話，結果可能就不是這樣了？」我認為貴人只是
幫助我們的人，而會幫助我們的人，都是我們可能無意
中或是曾經幫助過的人。

　　所以要吸引貴人靠近自己，就要自己先做幾件事：

一、愛要及時說：

　　愛的力量是很大的，大到可以讓一個人願意為他人
　　奉獻，但前提是要讓人感受你的愛，別讓沒說出口
　　的愛變成遺憾，也錯過了那些願意陪你同甘共苦的
　　人。

二、謝謝要適時說：

　　會說謝謝，代表你懂得感恩，就會讓人願意對你釋
　　出善意。但應避免刻意或不是時候的謝謝，否則會
　　讓人有矯情的感覺。

三、對不起要即時說：

說對不起並不丟臉，勇於認錯，代表你肯負責任，負責任是讓人相信你的第一步。而晚來的道歉，容易讓彼此內心存有疙瘩，無法自然與他人互動。

四、關心問候要不時說：

懂得關心問候他人，會讓人對你有好感，也會吸引他人的注意力。

其實貴人就在你的身邊，周遭的任何人都可能成為你的貴人，端看你怎麼對待。你的態度不只影響對方，連周圍的人也會看在眼裡，放在心裡。

「愛要及時說、謝謝要適時說、對不起要即時說、關心問候要不時說」這四句話要表達的，就是用心待人及其所帶來的正面能量效應。

一個讓你感受到被愛、被在乎及被關心的人，當他

需要幫助時，你會不想幫他一把嗎？我相信答案是會的，因為真誠用心對人，別人也會真心對你。

不過與其時時期待別人來相助，期待貴人的出現，不如讓自己成為自己的貴人，而如果有能力成為別人的貴人更好，因為「施比受更有福」！

能夠讓別人幸福，才是真正幸福的人。

生命裡忘不掉、捨不得，都是幸福的開始，不是一直要有新的東西，然後把舊的丟掉，這樣不會有記憶。幸福，就是從這些事情慢慢建立的。

其實我想要告訴你，把此時此刻該做的事情做好，就是幸福。點點滴滴的生活裡，最平凡的細節加起來，才是幸福。

我經常講「當下」，當下就是把這些每一個身體的感受與心裡的察覺整合。我的父母住在淡水，北臺灣一個可以感覺到河與海交換氣味的地方，招潮蟹、紅樹

林，空氣裡時而帶著腥與鹹的味道。我在假日會帶著全家大小，來到淡水看看老父親、老母親。路過淡水河邊聞到這些熟悉的味道，總會喚醒我兒時的回憶，那是快樂且幸福的回憶。

學會了 4 A 人生的 Being，它只是個開始，開始讓你在你的人生，你的直銷事業中，有了一個能夠「從心出發、從新開始」的全新契機。讓你能夠更容易、更輕鬆的去追尋並創造你的 4 A 人生。

當你擁有了真正財務與時間自由的 4 A 人生後，你所追尋的幸福，或許就會輕鬆的出現了。

在這個世界上，如果有一個人或一群人是你關心的，那請你為他們做一點事，給他們迫切需要的，讓他們感受到溫暖，這絕對是最重要的幸福感來源。

或許這不是你的幸福，卻能成就他們的幸福。

你說，擁有 4 A 人生，幸福不幸福呢？

志業：從心出發，享受４Ａ人生

作　　　者／徐國楨（Jacson Hsu）
責 任 編 輯／許典春
內 文 排 版／孤獨船長工作室
企畫選書人／賈俊國

總 編 輯／賈俊國
副 總 編 輯／蘇士尹
行 銷 企 畫／張莉滎・廖可筠

發 行 人／何飛鵬
出　　　版／布克文化出版事業部
　　　　　　臺北市中山區民生東路二段 141 號 8 樓
　　　　　　電話：(02)2500-7008　傳真：(02)2502-7676
　　　　　　Email：sbooker.service@cite.com.tw
發　　　行／英屬蓋曼群島商家庭傳媒股份有限公司城邦分公司
　　　　　　臺北市中山區民生東路二段 141 號 2 樓
　　　　　　書虫客服務專線：(02)2500-7718；2500-7719
　　　　　　24 小時傳真專線：(02)2500-1990；2500-1991
　　　　　　劃撥帳號：19863813；戶名：書虫股份有限公司
　　　　　　讀者服務信箱：service@readingclub.com.tw
香港發行所／城邦（香港）出版集團有限公司
　　　　　　香港灣仔駱克道 193 號東超商業中心 1 樓
　　　　　　電話：+852-2508-6231　傳真：+852-2578-9337
　　　　　　Email：hkcite@biznetvigator.com
馬新發行所／城邦（馬新）出版集團 Cité (M) Sdn. Bhd.
　　　　　　41, Jalan Radin Anum, Bandar Baru Sri Petaling,
　　　　　　57000 Kuala Lumpur, Malaysia
　　　　　　電話：+603- 9057-8822　傳真：+603- 9057-6622
　　　　　　Email：cite@cite.com.my
印　　　刷／鴻霖印刷傳媒股份有限公司
初　　　版／2016 年（民 105）9 月
初　　　版／2017 年（民 106）1 月 7 刷
售　　　價／300 元

城邦讀書花園　布克文化
www.cite.com.tw　www.SBOOKER.COM.TW